中国-东盟法律研究中心

重庆市人文社会科学重点研究基地

最高人民法院东盟国家法律研究基地

本书是中国-东盟法律研究中心规划课题成果

中国—东盟法律评论

CHINA-ASEAN LAW REVIEW

(2020 Volume, Education Law)

第十辑 二〇二〇年(教育法专辑)

■ 主　　编:张晓君

■ 主办单位
中国西南政法大学
中国-东盟法律研究中心

■ Chief Editor　Zhang Xiaojun
■ Sponsors
Southwest University of Political Science and Law of China
China-ASEAN Legal Research Center

■ 执行编辑: 徐忆斌　王泽银　阳兴龙

■ Executive Editors: Xu Yibin　Wang Zeyin　Yang Xinglong

厦门大学出版社 XIAMEN UNIVERSITY PRESS 国家一级出版社 全国百佳图书出版单位

中國—东盟法律评论

韩杼滨

Bình luận pháp luật Trung quốc – Asean

越南—中国—东盟法律信息咨询中心主任陈大兴用越南文字为《中国—东盟法律评论》题写刊名

Journal Undang Undang Asean-China

冯正仁

马来西亚联邦法院前大法官、第五届“中国—东盟法律合作与发展高层论坛”组委会主席冯正仁先生以马来语为《中国—东盟法律评论》题写刊名。

柬埔寨司法部大臣昂翁·瓦塔纳用高棉语为《中国—东盟法律评论》题写刊名

China-ASEAN Legal Research Centre plays vital role in legal communication and cooperation between China and Myanmar

17.12.16

H.E. Mr. Win Myint
Deputy Attorney General
Union Attorney General's Office
Republic of the Union of Myanmar

缅甸联邦最高检察院副检察长吴温敏为中心题词

Many thanks for China-ASEAN Legal Research Center to provide the strengthening legal cooperation between Indonesia and China

Nanning. China
6th. Dec. 2017
Indonesia Attorney General
H.M PRASETYO

印尼最高检总检察长 穆罕默德·普拉赛特为中心题词

中国—东盟法律研究中心：

法学之花盛开！

徐明阳
驻东盟大使
二〇一六年十二月七日

Advisory Committee

编者按

2018年我国首次就“一带一路”法治合作举办高规格论坛，论坛发表的声明表示：要深化“一带一路”法治交流，推进法律制度、法律文化、法律教育和法律服务等领域合作，加强法律信息和实践交流机制建设，促进法治能力建设和人才培养。因此本辑《中国—东盟法律评论》将主题设定为“一带一路”背景下中外人文交流与教育法律合作专刊，共收录西南政法大学师生的十二篇稿件，内容涵盖“一带一路”法律人才培养机制创新研究、中外合作办学与人文交流中的法律问题研究、国别教育制度研究等三方面，对当前涉外人才培养机制创新、中外教育合作等热点、难点进行了探索与研究。

专题一为“一带一路”法律人才培养机制创新研究，包括三篇文章。西南政法大学国际法学院副教授、中国—东盟法律研究中心研究员梅傲博士与硕士研究生毛杰合著的《共建“一带一路”倡议下东盟法律人才培养模式改革》一文，通过对目前东盟法律人才培养存在的问题的阐述，提出了对东盟法律人才培养的主体思路和东盟法律人才培养的具体举措。西南政法大学国际法学院讲师、海外利益保护研究中心、海洋与自然资源研究所研究员、马来亚大学博士研究生李煜婕撰写的《法律硕士国际化实践教育合作探析——以“一带一路”倡议下中国—东盟高等教育合作为背景》一文，通过对“一带一路”倡议下法律硕士国际化培养的政策背景的阐述，揭示了法律硕士国际化实践教育培养现状和问题，提出了通过对构建创新型实践教育合作机制的总体思路和创新型实践教育合作机制的构建，探索法律硕士国际化实践教育合作提升的路径与法律政策保障。西南政法大学国际法学院教授、博士生导师岳树梅和其硕士研究生魏宇涵合著的《法学创新人才培养机制研究》一文，从现状和存在的问题两个角度揭示了法学创新人才培养机制存在的困惑，阐述了法学创新人才培养机制创新的必要性，并对法学创新人才培养机制构思了新框架，提出了新目标、新形式、新机制，论述了考核制度、分流制度、管理制度一体化的内

部制度创新。

专题二为中外合作办学与人文交流中的法律问题研究,包括六篇文章。西南政法大学国际法学院教授、博士生导师,海外利益保护研究中心执行主任、中外人文交流及教育涉外法律研究中心研究员王玫黎和国际法学院博士研究生陈悦合著的《孔子学院教育人员海外权益法律保障机制研究》一文,揭示了孔子学院教育人员海外权益的法律保护现状和问题,深刻地论述了孔子学院教育人员海外权益保护的国际法基础并提出了多维度的孔子学院教育人员海外权益法律保障的完善路径。西南政法大学国际法学院副教授徐忆斌和法律硕士研究生任杰合著的《我国高校对外合作办学"引进来"相关法律问题探究》一文,对于从根本上解决高校对外合作办学"引进来"之举发挥其应有效用相关问题,提出应当给予不具有法人资格的合作办学机构以"非法人组织"法律地位;加强教育主权保护,完善合作办学监督机制;坚持对外合作办学原则,对中外办学法律法规祛荒存菁、加以完善等有效打破教育对外开放发展的桎梏,与国际服务贸易规则有机对接。西南政法大学国际法学院教授杨丽艳撰写的《中外人文交流及全球教育治理规则研究》一文,详细介绍了中外人文交流需要长久发展和中外人文交流的长久发展需要教育治理规则,系统论述了全球教育治理规则及其发展,表明应积极探索全球教育治理规则的相关路径与方案。西南政法大学国际法学院教授、中国—东盟法律研究中心秘书长张晓君和硕士研究生白羽合著的《中外合作办学的立法完善思考》一文,通过详细阐述中外合作办学法律规范的演变,针对中外合作办学法律法规目前存在的四个问题,提出了完善中外合作办学法律法规的建议,如准确定位合作办学的地位和性质、对合作办学的商业性和法人性作出明确规定、完善《中外合作办学条例》准入制度有关规定、扩大办学服务对象等。西南政法大学国际教育学院副院长、民商法学院副教授秦洁撰写的《我国高等学校境外办学法律问题探析——以我国高校拟在缅甸、柬埔寨和英国办学为例》一文,基于境外办学复杂性和多维度的特点,提出高校境外办学需要重点关注"准出"和"准入"法律法规问题,指出就境外办学"准出"而言,在国家层面,应尽早出台境外办学专项法律法规,完善机制;就境外办学"准入"法律主要相关法律问题而言,办学主体一方面根据自身实力和学科特点,科学规划和统筹境外办学,另一方面要充分了解东道国境外办学准入的法律政策规定。西南政法大学国际法学院教授陈咏梅和西南政法大学国际法学院2018级博士研究生王淑慧合作撰写的《中外人文交流及教育合作与"一带一路"法治建设》一文,通过揭示中外人文交流及教育合作与"一带一路"法治建设之间的联动关系,指出"一带一

路"背景下中外人文交流及教育合作的成就，同时指出"一带一路"背景下中外人文交流及教育合作的不足，提出了推进中外人文交流及教育合作与"一带一路"法治建设的对策建议，即应当在扩大中外人文交流及教育合作的过程中推进"一带一路"法治建设，打造合作办学专业特色，建设"一带一路"法律研究中心，搭建法治建设教师交流平台和学生交流平台，推广"一带一路"法治理念，推动"一带一路"法治建设的可持续发展。

专题三为国别教育制度研究，共包括三篇文章。西南政法大学外语学院讲师梅竹撰写的《日本中曾根政权期的教育改革——〈教育审议会设置法〉与教育行政的简政放权》一文，以日本教育审议会的改革工作为重点，通过对中曾根首相教育改革理念和教育审议会审议经过的梳理，揭示了教育审议会与文部省传统精英官僚集团之间的深层矛盾，在对中曾根首相教育改革的意义和教训进行总结的基础上，反驳了其教育改革并不成功的观点，肯定了中曾根改革在日本教育史上的地位和贡献。西南政法大学全球新闻与传播学院教师、盘古智库研究员孙力舟撰写的《中国与巴基斯坦人文交流的意义、成绩与问题研究》一文，阐述了中国和巴基斯坦之间的人文交流、对建设中巴经济走廊、构建人类命运共同体和推进"一带一路"倡议的重大意义并进一步总结了双方人文交流取得的主要成绩和存在的主要问题。西南政法大学国际法学院副教授，中国—东盟法律研究中心副秘书长、硕士生导师徐忆斌撰写《"共建中国—东盟命运共同体与法学研究与教育的融合"——首届中国—东盟法学院院长论坛综述》一文指出首届中国—东盟法学院院长论坛得到了有关部门高度肯定并获相关院校积极支持，强化了中国—东盟法学教育与人文交流的新合作，凝聚了中国—东盟法律教育与法治研究的新共识，发出了探索共建中国—东盟法学交流合作的新倡议。

目 录

专题一

“一带一路”法律人才培养机制创新研究

共建"一带一路"倡议下东盟法律人才培养模式改革*

梅　傲**　毛　杰***

摘　要：东盟法律人才培养模式创新是在"一带一路"倡议的背景下，为深化高等法学教育教学改革，提高法律人才培养质量，充分发挥法学教育的基础性、先导性作用，以全面实施素质教育为主题，以提高法律人才培养质量为核心，以应对世界多极化、经济全球化深入发展和国家对外开放情势为导向，培养一批具有国际视野，通晓国际规则，能够参与国际法律事务和维护国家利益的东盟法律人才，促进法学教育与法律职业、国内法律人才培养与国际法律事务参与的深度衔接，从而为加快建设社会主义法治国家提供强有力的人才保证和智力支撑。

关键词：东盟法律人才；培养模式；创新机制

"一带一路"倡议提出的背景是中国与世界的关系正在发生改变，中国不是在简单地融入全球化进程，而是在创造新的全球化标准。① "一带一路"倡议不是建立一个封闭的、利己的合作体系，而是一个契合沿线国家共同需求的开放性平台。全球化意味着时空概念发生重大变化，全世界开始关注共同的地球和共同的未来。② 在"一带一路"倡议下，我国周边外交迎来新机遇，同时

---

* 本文系重庆市教育科学规划项目"西部涉外法律人才培养模式改革研究"(2015-GX-045)的成果；重庆市社科规划项目"'一带一路'战略下中国企业海外发展的域外法律保护问题研究"(2019YBFX026)的成果。

** 梅傲，西南政法大学国际法学院副教授，法学博士，西南政法大学中国—东盟法律研究中心研究员。

*** 毛杰，西南政法大学国际法学院2018级硕士研究生。

① 王义桅：《"一带一路"：机遇与挑战》，人民出版社2015年版，第29页。

② Anthony Giddens, *Beyond Left and Right*, Stanford University Press, 1994, p.5.

也带来新挑战,呈现出与以往不同的新特点。我国与周边国家的经贸关系更加紧密,法律互动更为密切,法律人才培养模式也应与时俱进。在东盟法律人才培养方面,应在高等院校法学院开设专门课程,培养和储备东盟法律人才。

一、东盟法律人才培养存在的问题

东盟法律人才的培养是一项复杂的系统工程,不仅涉及学生在学校的学习阶段,还延伸扩展至学生的职业发展阶段。只有通过对学生职业能力和核心素养的悉心培育和细致评价,才能培养出真正具有国际化视野的高素质东盟法律人才。目前,我国对于东盟法律人才的培养主要存在以下问题。

(一)教学管理队伍理论水平和管理能力有待进一步提高

教学管理队伍是教学及人才培养质量保障工作的组织者、管理者,是质量标准和规章措施的制定者。教学管理队伍的素质、理念、水平,决定着教学及人才培养质量保障水平。目前,东盟法律的专职教学管理人员少,非专职教学管理人员教学科研任务较重,教学管理队伍问题较为突出:一方面,教学管理理念不清晰,思路不明确,宏观布局、整体推进的少;另一方面,教学管理理论研究不足,教学管理研究申报和立项的各类项目较少,高质量的研究成果缺乏,理论水平偏低。教学管理队伍的管理水平和能力不能完全满足教学质量保障工作的目标和要求,这不仅影响了教学管理上层设计的科学性,也制约了各质量保障制度措施和质量标准的执行。

(二)制度建设还不够完整,质量标准不全面

目前的培养体制存在东盟法律人才培养比重低、专业设置单一、课程体系老化、培养体制僵化等一系列问题。教学管理制度不够完整,缺乏东盟法律人才培养的办学特色、教育教学改革、提高教学质量长效机制等方面的制度措施。部分教学环节缺乏科学、明确的质量标准。课程建设、教材选用及编写、备课、课堂教学、实习实践等方面的质量监控尚无据可循。

(三)质量监控举措不成体系

世界格局变化使得法律人才的培养也发生了改变,系统了解东盟法律人才的成长特征,有助于东盟法律人才培养体系的建立与完善。在对东盟法律人才培养及教学过程的控制上,由于对质量监控功能定位不太准确,尤其是没

有从宏观角度把握和设计监控措施，也没有把每一种监控措施放在监控体系中去衡量和审视，因而措施凌乱，不成体系。

二、东盟法律人才培养的主体思路

以培养应用型、复合型东盟法律人才为目标，以培养学生独立运用法律思维和法律知识解决实际问题的能力为重点，通过“案例讨论、小班教学、模拟法庭、远程视频、实习实训”的联合培养模式，培养复合型应用人才，通过包括外部合作机制和内部培养环节的常态化、规范化的培养机制，着力打造东盟法律人才。主体思路如下：

1.建设特色课程，强化实务教学

东盟法律人才培养模式应在法学院具体落实，设立法学专业的东盟法律人才实验班，推进教学实践基地建设；增强学生的实务能力，促进实务型法律人才建设；实行实务专家进课堂、双师互动式教学、全英文教学以及全方位的听课制度；积极举办实务系列讲座和东盟实验班系列讲座。

2.注重学生素质教育，实务教育落到实处

除着重开展东盟法律专家进课堂、创新双师教学活动外，法学院应积极探索素质教育新模式，有针对性地邀请立法和执法部门的东盟法领域的实务专家就当前东盟法热点为本科学生作专题讲座，让学生感受到素质教育与实务教育相结合的益处。

3.积极拓展课堂教学概念外延

积极拓展课堂教学概念外延，将基础性教学工作转移至课堂前后间隙的自主学习时间，“向课外要课堂”，实现学生学习全过程的有机协调。在法学专业课程中推广以翻转式教学与小班教学为代表的现代教学方式，转变课堂教学角色，使教师由讲授者向引导者转变，促使学生由被动接受者向主动学习者转变。同时，必须加强模拟法庭教学，将理论与实践相结合，提高学生的实际操作能力，促进学生将理论用于实践。①

4.优化师资力量，建设实践教学师资团队与东盟教学师资团队

一方面，关于实践基地教学团队的构成。在人才培养基地已有教师的基础上，增加“双师型”教师团队，从相关的国际组织机构、政府实务部门、司法机

---

① 王祥修：《涉外卓越法律人才培养与模拟法庭教学研究》，载《继续教育》2015年第2期。

关、大型律所中聘请一批充满工作热情、富有工作经验、具有专业素养的实务专家,并统筹规划,灵活匹配,为各实践教学基地服务。另一方面,关于实践基地教学团队的提升机制。将实践基地教师团队建设视作学院师资队伍建设的重要组成部分,采取积极有效的措施,吸引和鼓励高水平教师从事实践教学和管理工作,探索建立实践教学与理论教学队伍互通的有效机制,重视可从事实践教学的教师的培养。定期举办实务专家经验交流与观摩会,将实务专家在工作中积累下来的丰富经验充实到教学中来,作为师生共同学习的范本。校内东盟法律师资力量主要承担涉外法律专业知识传授任务,东盟法律职业技能训练则主要由涉外法律实务部门的兼职教师完成,两者密切配合,分工协作,共同完成培养东盟法律人才的重任。

三、东盟法律人才培养的具体举措

东盟法律人才培养的具体举措主要有优化课程体系,加强东盟法律教材建设,以及强化教学管理。

在优化课程体系方面,可采取以下措施:(1)课程设计应具有前瞻性和系统性。考量东盟法律人才培养的特性、专业发展趋势以及实践教学内容的侧重点和交叉点,令课程设计简洁、明确、富有弹性。同时,考虑课程计划的可操作性和实施效果,注重各实践教学基地间个性与共性的有机结合。(2)结合实际需要,进一步推广双语教学模式。东盟法律人才培养基地应进一步加强英语师资队伍的建设,双语教材的使用比例应达到20%~30%,双语课程至少占据教学计划课程的一半。学院通过提高课时系数、设置专项奖励等方式进一步加大对全英文教学的鼓励和投入力度。(3)以精品课程为龙头,全面提高课程建设水平。遵循"分阶段、分层次、有规划、有措施、坚持标准、重在建设"的方针,实行严格的课程准入制度,完善优质课程建设,加大精品课程的龙头作用。

在优化教材建设方面,可采取以下措施:(1)多方合作,体系完整。教材全部实行双主编制,主编分别由来自实践部门和教学研究机构具有高级职称以上的专家学者担任,编委由来自法律实务部门、其他科研教育单位的专家以及校内专家或基地专职教师联合组成,最大限度地保证教材体系的完整性、充实性与实用性。编写的教材有东盟法、涉外金融法、涉外投资法、涉外知识产权法、涉外谈判与外交礼仪、涉外仲裁法等。(2)案例丰富,融会贯通。运用丰富的涉外案例,将知识讲授与案例评析有机结合,避免"两张皮",真正做到以案

说法，用案例突出、引导和解释重点知识，突出案例与知识的互动。(3)双语对照，拓展视野，培养运用英语和东盟小语种处理东盟法律事务的能力。学院力求联合国外知名学者和事务专家，探讨科学编写中英双语教材的方案，合理设计双语教材的体系、案件、理论和课后拓展训练，培养学生的国际视野和法律素养。

在优化教学管理方面，可采取以下措施：(1)教学管理规范，教学安排落实到位。法学院应坚持贯彻落实本科导师制。由院领导带头，分别选配优秀教师担任各级本科生导师，形成具有学院自身特色的导师制，即院领导、专任教师和辅导员三者相结合的本科导师负责制。持续实行教研室统一集体备课制度，根据教学计划认真排课和备课，教学安排做到提前准备、严格落实、常态检查、及时反馈的有机统一，各学年内无教学管理事故。(2)教学流程规范有序，管理制度执行有力。按照教学大纲组织教学，形成包括网上评教、教学检查、教学督导、学院领导教师听课、教学信息采集与反馈、年度状态信息、年度调研报告等多维度质量监控结果，并针对发现的问题及时进行反馈和处理。申请调停课理由正当，程序规范，全学年无教学事故。(3)考务管理严格，考纪考风良好。各教研室应统一命题，由资深专家和教学副院长进行审核；在监考环节，学院所有任课老师都积极参与整个监考过程；在评阅和分析试卷环节，公平严谨。同时开展考后的试卷分析，帮助学生更好地掌握所学的知识。为加强考风建设，严肃考纪，营造良好的考试环境，可开展"诚信考试月"系列活动，各年级专门召开考前动员大会，强调诚信考试的重要性，并组织学生签订《诚信考试承诺书》。

四、东盟法律人才培养与"一带一路"倡议的有效接轨

东盟法律人才培养模式应紧紧围绕专业人才培养目标，优化课程体系；正确处理基础课程与专业课题、传授知识与培养能力、通识教育与专业教育、课内教学与课外学习、校内教育与校外教育的关系。采取切实措施，不断推进教学内容与课程体系改革。首先，对课程改革提出具体要求和措施，建立相应的考核、评价机制，确保教学内容和课程体系的规范化和可操作性。其次，在人才培养方案中进一步明确理论课、实习及实训等实践教学环节在培养工程中的作用，从而确定所占学时比例，正确处理理论教学与实践教学的关系，突出能力培养和创新意识培养。再次，合理确定课程的基本属性，包括课时、形式、编排顺序与课程内容等。在压缩培养方案课内总学时的基础上，确保基础课

程的比例。最后,加强课程质量建设和评估,主要是通过课程准入,建设合格课程、优质课程和精品课程等多层次课程建设,全面提高教学质量。建立课堂教学绩效评估机制和改革促动机制。充分利用信息技术,大力推进精品视频公开课建设,改革涉外法律课程教学方法,深化相关类型课程的考试制度改革,完善东盟法律人才培养质量监控评价体系。

第一,在平台建设上,建立和实行常态化、规范化的"教师+实务专家"的"双导师制度"。在"一带一路"倡议下,中国与东盟各国在经贸、文化、法律等诸多方面得到进一步高速发展。可与多家著名涉外律师事务所、企业建立密切联系,为培养东盟法律人才的法律实践技能提供大量的实务专家。为律师事务所等涉外实务部门进行订单式培养,培养学生兼具扎实的理论功底和较强的实践能力,为相关部门输送具备综合专业素质的东盟法律人才队伍,达成高校和实务部门之间的良性互动,为更深入的教育合作提供坚实基础。

第二,国内—国外联合培养,打造国际化东盟法律人才队伍。东盟法律人才的培养必须立足于我国法学教育的现状,合理构建东盟法律人才的培养模式。[①] 引入"走出去、引进来"双向互动学习模式,在教师互换、学生互换、学分互认和学位联合授予上争取政策支持,开展与海外高水平法学院校的交流与合作,培养具有坚定政治立场、前瞻性国际视野的东盟法律人才。扩大学分互认、"3+1"、"2+2"等模式的国外院校合作面,提升国外合作院校的层次,特别鼓励学生前往国外学习相关课程。学校在选派国外进修生工作上应形成有效的选拔和竞争机制,制定具有操作性的选拔方案,力争使优秀的学生获得赴国外进修的机会。

第三,在实践基地建设上,搭建东盟法律教学科研的实践平台。作为复合型、应用型法律人才培养的突破口,必须以适应国际情势、融通国际规则、捍卫国家全球利益的实战素质作为东盟法律人才的重要评判基准。要建立起学术、能力、职业相结合的人才培养模式,以多渠道、多层次的实践教学基地磨砺思维、引导智能、提升能力是不可或缺之配套支持与硬件保证。让学生能深入东盟法律实践的一线,拓展其国际视野,并参与东盟法律事务的处理,提高其实务能力和问题研究意识。一方面,搭建校内实习实训平台,充分挖掘校内实习、实训平台的利用效能,进一步丰富校内实习、实训平台类型与构成,实现校内实践平台建设的现代化、综合化。满足学生的基本实践教学需求,完善校内实习、实训平台,基本实现对实践工作全套模拟设施与场所的配备,各部分可

---

① 胡乙:《涉外法律培养模式的审视》,载《教育评论》2014年第3期。

联合运作相关行政司法程序的全过程，落实齐全平台运转的场所、监控、音响、投影等设备。另一方面，以东盟法律人才培养为指向，继续就校内实践教学平台进行专项设计和专门投入。通过模拟法庭、法律援助中心、法律诊所、校园庭审、律师论坛等方式，不仅可以丰富法学实践教学，提高学生的实务操作能力，也有助于务实创新人才的培养。同时，搭建校外实践教学基地。实训平台将突出国际体育法律事务的特点，强化与现有实践教学基地的联系，不断规范已有基地的管理制度，促进教学基地的规范化管理，使学生在实践教学基地的参与时间与空间更为灵活，细化基地实践环节，保障实践教学的成效。注重拓展与国际组织、域外机构的通道搭建与合作，令实践方式更为灵活，参与程度更为深入；通过不断沟通，形成行之有效的管理机制与运行顺畅的反馈机制，让实践成效直接作用于就业环节，并通过人才实践、实习、就业情况的跟踪调研机制，总结人才培养成效，形成基地人才实践的良性循环。

第四，人才培养过程的多层级监控、多角度质量管理。要注重考核和评价机制的合理运用，要遵循教育规律，对现行培养困境进行分析与反思。人才质量的评价是一项复杂的系统工程，不仅涉及学生在基地内的学习阶段，还延伸扩展至学生的职业发展阶段。只有通过对学生职业能力和核心素养的悉心培育和细致评价，才能培养出真正具有国际化视野的高素质东盟法律人才。一方面，对课堂教学、专业实习、毕业论文这一整体培养过程进行全程监控，力争对培养过程中每一个环节都评估到位。另一方面，教学质量评价体系还将延伸至学生毕业后的职业表现，通过系统化、模式化的教学质量评价为基地内的教学管理提供最具参考意义的反馈指导。收集学生即时职业信息数据，通过对学生职业发展中所需知识结构、核心素养等相关信息数据的收集，了解特定职业对东盟法律人才知识结构和核心素养的现实需求，从学生的现实职业中获取第一手的培养评价信息。

结　语

东盟法律人才属于高级专门人才，必须精确掌握相关经贸法律知识，并具备流利的外语交流能力、跨文化交流能力和团队协作能力等。[①] 东盟法律人才培养是为深化高等法学教育教学改革，提高法律人才培养质量，充分发挥法学教育的基础性、先导性作用，以全面实施素质教育为主题，以提高法律人才

① 代水平：《涉外法律人才的素质要求与成才路径》，载《教育评论》2013 年第 6 期。

培养质量为核心,以应对世界多极化、经济全球化深入发展和国家对外开放情势为导向,建设东盟法律人才教育培养基地,以期经过5～10年的努力,培养一批具有国际视野、通晓国际规则能够参与国际法律事务和维护国家利益的东盟法律人才,促进法学教育与法律职业、国内法律人才培养与国际法律事务参与的深度衔接,从而为加快建设社会主义法治国家提供强有力的人才保证和智力支撑。以创新人才培养的机制和模式为支撑,全面贯彻党的教育方针,落实教育规划纲要,让东盟法律人才的个人成长与国家民族的前途命运相统一,培养具有坚定的社会主义法治理念,具有国际视野和民族意识,能够参与国际法律事务,在国际经贸投资等领域运用涉外法律和国际规则、维护国家利益的高素质涉外法律人才;培养具有跨法律文化沟通的能力,通晓国际规则,有专门的语言能力与知识储备,能参与国际法治建设和法律事务,信念执着、品德优良、本领过硬的东盟法律人才。

法律硕士国际化实践教育合作探析*

——以"一带一路"倡议下中国—东盟高等教育合作为背景

李煜婕**

摘　要：作为"一带一路"倡议理论的应有内核，沿线国家的高等教育合作，不仅为"一带一路"倡议的落地提供人才、智库支撑，还在科研产出与人才培养实践上给出新的合作路径选择。从双向能效来看，"一带一路"倡议又在目标导向、政策指引上为硕士国际化提供了良好契机。结合西南政法大学国际法学院法律硕士国际化培养教育多年的实践探索，我们创造性地提出以"两'双'一赛"的实训互动机制为抓手，将法律硕士的海外实习、海外交流培训的国际化培养方案对标对表"一带一路"倡议，形成与沿线周边国家、区域的法律硕士培养共同体，促进国内高校的优势专业与沿线国家同类型教育资源优势共享；探索出一条服务"一带一路"倡议的国际化人才培养教育与跨区域开放交流、产学研相结合的"软实力"提升道路，打造一条站位更高、合作领域更广、合作层次更深、持续发挥作用的法律硕士培养教育的国际化合作路径。

关键词：法律硕士；"两'双'一赛"实训互动机制；国际化培养

2019年，"一带一路"倡议提出近六年，中国已与80个国家签署了共建合

* 本文系西南政法大学2017年度研究生教育教学改革重点研究项目"以'两"双"一赛'实训互动机制升级法律硕士国际化的培养模式研究"的研究成果；中国—东盟法律研究中心2018年度规划课题"后战略伙伴关系时代中国—东盟合作考"的研究成果；2019年度重庆市社会科学规划项目"总体国家安全观下海外权益保护研究——从防控恐怖主义威胁的角度"(2019YBFX032)的阶段性成果。

** 李煜婕，西南政法大学国际法学院讲师，西南政法大学海外利益保护研究中心、海洋与自然资源研究所研究员，马来亚大学博士研究生。

作协议,对沿线国的投资已达600亿美元,同沿线国的货物贸易额超5万亿美元[①],这无疑彰显出"一带一路"倡议由理念转变为实际行动的成果累积。"中国一带一路"网发布的《"一带一路"大数据报告(2018)》年报结果显示[②],在主要用于评价中国与"一带一路"国家互联互通合作成效的"国别合作度指数"排名中,列前十位的国家中东盟国家占据六席;在文化好感度、认可度以及信任度等方面,东盟国家与中国的互动也领先于其他沿线国家;中国已成为东盟国家学生新的留学基地。早在2015年,中国政府就与印尼政府建立了人文交流机制;目前中国已与东盟8个国家分别签署教育交流协议;与泰国、马来西亚签订了学历学位互认协议,教育合作与交流领域涵盖基础教育、中等教育、职业教育和高等教育。2016年,中国设立"中国—东盟海上丝绸之路奖学金"。2017年,中国与东盟互派留学生达到22万人。目前,中国、东盟教育界正抓住机遇,发挥合力,打造双方互派留学生"升级版",致力实现2025年双向学生流动规模30万人的愿景。

商品和知识的交流带来观念创新,这是交流、互鉴的有力成果。作为"一带一路"人文交流的示范区,东盟国家与中国的教育交流合作不但基础牢固,而且建设目标相近。东盟三大共同体之一的"社会—文化共同体"的建设目标,即要建成以人为本、环境友好型和可持续发展的共同体,与中国"一带一路"倡议的主旨——既要促进共同发展,也要促进民心相通是密切相关和共同促进的。《"一带一路大数据报告(2018)》显示,我国西部地区在推进"一带一路"人文交流方面表现突出。重庆作为通道辐射能力提升势头强劲的西部枢纽,具有统筹东、西、南、北四个方向,铁、公、水、空四种方式的地缘及政策优势;而坐落在重庆的西南政法大学,无疑具备了人文交流、教育合作的有利交通基础。由中国法学会创办、接受中国法学会指导和管理的中国—东盟法律研究中心依托于西南政法大学国际法学院自成立以来,对涉外高端法律人才培养进行了逾八年的有力尝试,通过举办中国—东盟高端法治论坛、中国—东盟法学院院长论坛以及面向东盟国家的、每年主题不同的高端法律人才研修

① 《〈"一带一路"大数据报告(2018)〉发布:俄罗斯合作度最高 粤鲁沪参与度最高》,https://www.yidaiyilu.gov.cn/xwzx/gnxw/66751.htm,最后访问日期:2019年4月4日。

② 《〈"一带一路"大数据报告(2018)〉发布:俄罗斯合作度最高 粤鲁沪参与度最高》,https://www.yidaiyilu.gov.cn/xwzx/gnxw/66751.htm,最后访问日期:2019年4月4日。

班等，在法律外交的路上走出了坚实的一步。西南政法大学在法律硕士的海外实习、海外交流培训等国际化学科建设、交流实践方面已走出一条符合实际、注重特色发展的国际化合作路径。本文将以中国—东盟法律研究中心与国际法学院的实践为例，析探国内高校如何结合“双一流”建设，在落实“一带一路”教育行动的过程中切实担负起新时代教育对外开放的新使命，打造“一带一路”倡议的国际化人才培养教育与跨区域开放交流、产学研相结合的国际化教育提升之路。

一、“一带一路”倡议下法律硕士国际化培养的政策背景

高等教育尤其是研究生教育是国家培养高层次专门人才的主要途径，是国家人才强国和科技强国战略的制度支撑，是建设学习型国家、创新型国家的核心要素，更是科技第一生产力、人才第一资源、创新第一动力的重要结合点。[①] 2016 年 4 月，中共中央办公厅、国务院办公厅印发的《关于做好新时期教育对外开放工作的若干意见》中第五项重点工作就是促进教育领域合作共赢，支持大学智库合作，建立教育对外开放专家咨询组织，等[②]；并要求完善相关保障措施，如赋予学校更多经费自主管理权和使用权，按规定统筹安排相关资金用于支持师生赴国外实习、开展教学实验等。同年 7 月，教育部印发《推进共建“一带一路”教育行动》，按照提质增效的总体工作要求，在“合作愿景”里提出，要“培养大批共建‘一带一路’急需人才”，“推动教育深度合作、互学互鉴”；在“合作原则”中指明，要“发挥学校、企业及其他社会力量的主体作用，活跃教育合作局面，丰富教育交流内涵”。[③] 2017 年 1 月，教育部与国务院联合发布《学位与研究生教育发展“十三五”规划》，首次明确提出坚持“服务需求、提高质量”的研究生教育发展主线，将“扩大国际合作，提升国际影响力”列为单独章节进行详细阐述，坚持“树立开放合作共赢理念，坚持引进来和走出去

---

① 《教育部、国务院学位委员会关于印发〈学位与研究生教育发展“十三五”规划〉的通知》，2017 年 1 月 17 日。

② 该项重点工作指出，应通过加强与国际组织的合作，建立和完善双边多边教育部长会议机制，增进次区域教育合作交流，推动大学联盟建设，深入推进友好城市、友好学校教育深度合作，深化双边多边教育合作。

③ 《教育部关于印发〈推进共建“一带一路”教育行动〉的通知》，http://www.moe.edu.cn/srcsite/A20/s7068/201608/t20160811_274679.html，最后访问日期：2019 年 3 月 16 日。

相结合,积极参与国际交流与合作,不断扩大研究生教育国际竞争优势”的理念,为未来研究生教育国际化培养指明了道路与方向。[①]

法律硕士,又称全日制法学专业学位研究生,是为增强研究生创新实践能力,促进人才培养与经济社会发展的实际需求相适应而产生的。《教育部关于做好全日制硕士专业学位研究生培养工作的若干意见》中指出:全日制专业学位研究生是掌握某一专业(或职业)领域坚实基础理论、具有较强解决实际问题的能力、能够承担专业技术或管理工作的具有良好职业素养的高层次应用型专门人才。[②] 教育部在2014年工作要点中首次明确提出“建设高校实践育人共同体”目标[③],同年教育部、共青团中央又提出要以“政府—社会—高校”为主体实施“高校实践育人共同体”,并提出新的更高要求。高校实践育人共同体建设既是高校立德树人过程中应当高度关注的战略性问题,又是全面深化研究生教育改革和提高复合型人才培养质量的一项系统工程。2015年9月《泰晤士报高等教育增刊》发布了2015—2016年世界大学排名,该排名使用严格的标准和严苛的全球化评定准则来测评全世界研究型大学的主要项目。其中,国际化是其中一项重要指标,直接或间接影响高校在学界互评、企业雇主和论文引用等部分的评比。稍稍回顾历史我们便知,始于1995年试点工作的法律硕士培养工程至今已经走过20多年,其培养机制的建设与改革从最初的八所首批试点院校到如今,从未停止过步伐。相较于法学学术型硕士,为达成法律硕士具备实践技能强、知识面广、高端复合型人才的法律硕士建设工程的培养目标[④],众多高校的法学院或法学学科都对实践教学进行了各种尝试,如聘请各级人民法院、检察院对学生进行案例教学,邀请资深律师开设实务讲座,等等。然而,在探索与建设过程中,教学方式的传统固化与实践教学的灵

---

① 《〈学位与研究生教育发展“十三五”规划〉正式发布》,http://www.moe.gov.cn/jyb_xwfb/s5147/201701/t20170122_295473.html,最后访问日期:2019年3月16日。

② 《教育部关于做好全日制硕士专业学位研究生培养工作的若干意见》,http://www.moe.gov.cn/srcsite/A22/moe_826/200903/t20090319_82629.html,最后访问日期:2019年3月16日。

③ 该工作要点第15条指出,要推进法学等学科专业领域人才培养机制改革;落实科教结合协同育人行动计划,共建大学生校外科研实践基地;深入推进研究生教育综合改革,不断完善学术和专业学位研究生培养模式,统筹构建研究生教育质量保障体系,继续推进科教结合培养高层次人才。

④ 2006年明确了“法律硕士专业学位的培养目标是为法律职业部门培养具有社会主义法治理念、德才兼备、高层次的复合型、实务型法律人才”这一培养目标。

活性产生了多方面的冲突，各法学学科以及法学院不得不探寻适合本学科专业特色的新的实践教学方案。

二、法律硕士国际化实践教育培养现状

2010年以来，中国—东盟法律研究中心依托于西南政法大学国际法学院，同时又与国际法学院携手，在推进中国与东盟各国高等教育实践培养合作与高端法律人才培养以及国际化人法学人才培养系列项目中，创造性地使用“双向”交流模式，独具亮点。在努力加快对外开放步伐，培养精通“双语双法”和东盟各国法律的复合型人才的同时，还协同柬埔寨、老挝等国的高校构建人才培养联合体，邀请东盟各国法官、检察官来校攻读硕士、博士学位，以“订单人才培养”的方式为东盟国家法治建设提供后备人才库。而在法律硕士的专业化、国际化实践能力培养上，中国—东盟法律研究中心与国际法学院分别在制度保障和人才培养方案上下苦功夫。2014年开始，先后向马来西亚、新加坡、泰国、印度尼西亚、菲律宾以及缅甸等东盟国家的海外实习基地输送实习生60余名，向海外合作共建高校输送交换（交流）生逾200人次，并结合Philip C. Jessup国际法模拟法庭辩论赛、WTO模拟法庭辩论赛、“贸仲杯”模拟仲裁比赛、中国—东盟法学院辩论邀请赛等国际、区域性辩论赛事，逐步形成法律硕士的专业精细化、业务国际化实践能力培养机制，对于国际法学生认知国际法的功能、理解国际法的地位和局限、应用国际法处理现实问题均有较大帮助。然而，实施以来，政策、制度、保障措施以及双/多边协调方面的问题渐渐呈现。

（一）法律硕士培养的国际化课程教学、海外实训安排有待优化

当前，法律硕士人才培养方案的国际化培养目标不够细化，设计性不足，课程设置、师资队伍、学生梯队组成、专业实习、职业生涯规划与就业情况等与国际化导向差距较大。

从学生梯队组成来看，2013级至2018级研究生中，两年制法律硕士法学基础理论课程与其本科阶段的法学理论课教学重点区分不大，涉外实务课时偏少，学生理论素养提升后劲乏力。三年制法律硕士（非法本法硕）本科没有系统学习过法律知识，通过“学习—实习/培训—再研习”模式，大部分法学专业课集中安排在第三学期，而集中实习就在第四学期，实务课程更被安排在集中实习之后。对海外实训单位的反馈数据进行分析可知，这部分法律硕士由

于接触法学专业知识较晚，在3个月的集中实习中凸显出法学理论知识掌握不熟练、实践能力较弱等缺陷，海外实训后的自我总结能力欠缺，对职业生涯规划和择业就业选择比较迷茫。

从课程设置与培养目标方面来看，对5年多的法律硕士专业学习和海外实务课程、海外实训以及就业创业进行调研的情况显示，其国际化教学课程与实践安排仍显局促，针对性的涉外实践教学课程未得到相应体现，创新培养机制在执行过程中未得到制度性支撑，国内实训与海外实训方案互补性较差，实训生遴选机制与当年海内外项目的实际情况挂钩，缺乏常态化、组织化的建构。

从职业生涯规划方面来看，5年多来，两年制法律硕士研究生每年参加海外实训的人数已占班级集中实习总人数的50%以上，但海外实习并没有让实习生稳固确立涉外实务就业的方向，毕业生的主要就业意向仍然是参加全国各地各层级的公务员、事业单位以及全国各地各大银行、金融系统的招录。一些理论素养高、实务能力强且精通外语的准毕业生在海外实训3个月后仍然选择考公务员或进银行金融系统，无疑有悖于原先"订单式"精准化培养设计。

从师资方面来看，2016年全年，国际法学院和中国—东盟法律研究中心先后邀请12名来自马来西亚、新加坡的实务专家以专题讲座接力课的方式来校授课，丰富的教学实践案例，不同实务专家的不同职业感悟，以及生涯设计和行业见闻等个体化经验的分享，让学生获益匪浅。然而，实务专家以专题讲座的形式授课虽然讲得深入浅出，但目前尚不具备让他们独立开设一门课程的条件。因此，如何将实务经验课程化，如何将实务课程建制化，如何以体系化的知识作为传授内容并将法律实践作为一门课程的内容，如何整合实务专家的研究领域而研发实践教学系统课程，已成为亟待解决的重要工作。

(二)创新性的"双核心制""双导师制"培养机制执行后劲不足

所谓"研究生培养模式"，从效用来看，就是在一定的教育理念引导下，对标对表经济社会的特定需求，有机排列培养目标、培养方式、管理与监督、质量评价体系等各个要素的标准样式与运行方式，以求达到最优的培养效用。学界目前普遍认为，"以学科为核心"的培养模式和"以实践项目为核心"的培养模式是我国高校最常用的两种研究生培养模式。[①] 二者的比较见表1。

---

① 郑伟:《整合"学科—学位点—项目建设"机制推动研究生培养模式创新》,载《中国电力教育》2009年第6期。

表1 “以学科为核心”与“以实践项目为核心”的两种培养模式之比较

比较项目	“以学科为核心”的培养模式	“以实践项目为核心”的培养模式
培养目标	理论型研究学者	科学研究＋社会服务
培养方式	以学科建设为抓手	以实践项目为抓手
管理与监督	导师＋研究生院	合作团队＋实践项目负责人
质量评价体系	课程学分＋毕业论文	实践项目完成情况及效果

在“以学科为核心”与“以实践项目为核心”这两种传统研究生培养模式的优劣比较的基础上，在保障实务导师、学习内容与培养目标以及培养过程开放性的基础上，国际法学院结合两种模式的优点，充分注重学生培养的个性化与培养过程的创新性，以“双核心”的国际化培养模式主导本院法律硕士的培养模式。硕士一年级，以“学科”为中心，让研究生了解学科基本理论脉络，掌握科研基本知识和实践技能，完成教学大纲要求的课程学习任务。进入二年级，根据已有的合作交流协议或者海外实训项目，以“项目”为导向，两年制法律硕士（法本法硕）开始专业集中实习（含海外实训）并结合实习内容选定项目进行研究。海外实训导师在集中实习中提供具体案例或工作内容，帮助研究生确定研究方向，并参与开题答辩的指导，在项目研究中承担咨询与顾问的角色，旨在提高法律硕士科研项目的实操性、独创性及社会贡献度，随之遴选出一部分业务知识精良、海外工作能力突出的涉外法律人才。三年制法律硕士（非法本法硕）继续进行课程理论学习，同时参与来自各个海外实训基地的实训导师的实践课程学习、座谈会讨论或者专题讲座，尽早确定项目研究方向或择业就业方向，为之后的海外实训做准备。而目前的实践显示，“以项目为核心”的涉外实务能力培养模式，基本在海外实训结束后就失去动力，绝大多数的法律硕士迫于毕业、就业的压力，其毕业论文的选题还是迎合了理论学界的热点，忽略了“双核心制”提出之初的实操性、独创性及社会贡献度的量化标准。与此相对应的是，海外实训导师的积极能动性被迫弱化，海外实训机制互动性的后劲不足，框架形式的发展大于实质内容的拓展。

“双导师制”可追溯至20世纪90年代初我国高等教育的创新培养机制探索,旨在弥补传统研究生教育偏重理论教学的劣势,同时又为学生提供与专业相关的实践机会,促进高层次人才培养与产业、行业、企业、社会的紧密结合。法律学科教育从性质上来说是一种注重实务操作的专业教育。经过20多年的教育实践,法学研究生教育理念也逐步从传统法则的“法条—法理—法哲学”单一教学程序向“法条—法理—法实践”的多路径实务人才培养程序转变。[①] “双导师制”的培养模式针对性强,可以优化法律硕士培养单位师资构成,解决培养目标与实践教学之间的矛盾,让校外实务导师参与到实践项目、实践课程教学、论文写作指导等各个环节,从而提升应用型专业学位法律硕士培养的成效。此外,结合旨在培养思维方式和技能复杂形态的能力复合的培养目标,根据法律硕士海外实习的表现为其量身定做“订单式”的培养方案,是探索培养符合社会需求的兼具创新性和实践性特点的国际化复合型人才的新路径。主导师由校内导师担任,第二导师则由来自国内外高校、科研机构以及实务部门的资深专业人员担任,校内导师“主讲制”和国内外实务导师“辅教制”将传统的教学环节配合延伸至教学课程环节(“双师/多师同堂”)、集中实习环节(实训导师)以及预答辩前的资格再审核环节(实务能力评审)等。但“双导师制”执行5年多的结果显示,由于海外实务部门人员更迭频繁,部分已聘海外实训导师在任期内无法完整辅导学生两年(或三年),导致许多已经开展或进行的实训项目后继乏力;另外,由于各海外实训基地的工作重心和侧重点不同,为实习生提供的海外双向学习机会和工作训练岗位不尽相同,这就客观上造成了实习生学习、实践的程度差异,为其结束实训回到学校的再学习环节增加了难度,而且直接影响了其对涉外法律服务工作的选择。

① 付子堂:《建立以能力培养为核心的法律实务教育体系》,载《光明日报》2007年12月25日。

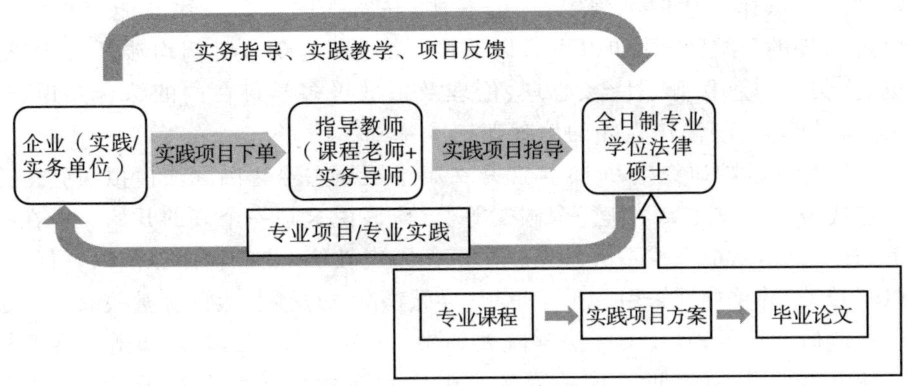

图 1　法律硕士实践教学培养全过程

(三)“以赛促学、以赛带训”的活力和优势尚未被完全激发

Philip C. Jessup 国际法模拟法庭辩论赛简称“杰赛普模拟法庭辩论赛”，是由美国国际法学生联合会（International Law Students Association，ILSA）主办的专业性法律辩论赛。该辩论赛的创办宗旨是在全球范围内推动各法系间的交流学习与研究，并通过模拟国际法庭审判来加强学生运用法律进行专业辩论的能力，从而培养其综合运用法律知识的法律实践能力。自 1959 年首次举办，该辩论赛至今已有逾 60 年的历史，是目前国际上规模最大、历史最悠久的专业性辩论赛，每年都吸引了世界上各著名法学院参加。中国从 2003 年开始已举办了 19 届杰赛普模拟法庭辩论赛，有的参赛队员后来成为联合国国际法院中国法官的助理、世界银行的中国法律助理等。中国举办该辩论赛旨在改变注重教授法律理论和法律规则、忽视实际应用能力的培养方式，因此，改革法律教学方式，以学生为中心，重在培养学生独立思考、独立分析、独立解决问题的能力即为杰赛普模拟法庭辩论赛的宗旨；而技术技能性、先进导向性以及激烈竞争性则是其主要特色。举办该项赛事，是为国家培养所需的“法律专业技能＋外语运用”的复合型涉外法律人才并满足国际经济战略实施的需要，以竞赛促进法学教育和法律人才培养提升而做的有益探索。模拟法庭竞赛教学的优势显而易见：将法学概念与法律条文无缝相接地运用到庭审实践中，让学生真实地遵循“法律的确

定性"到"法律生活的不确定性"的规律,在实践中掌握法律技能与技术。[①]更进一步的,单凭法律知识也难以获胜,该赛事的众多案例均涉及政治、历史、人类、民族、医疗、社会、心理、伦理及宗教等多学科在内的综合知识,这更为国际复合型法律人才的培养奠定了基础。

国际法学院研究生2015年2月在第十三届杰赛普国际法模拟法庭辩论赛中代表西南政法大学获得全国二等奖,应该说这是一个好的开始。但在接下来的几年,队员选拔不济,训练不力,无固定教练,准备仓促,对"以赛促学、以赛带训"的重要性未引起足够重视,导致国际法学院代表队无甚收获。通过前期调研我们得知,在国际法学院教师中,有超过90%的教师知道杰赛普模拟法庭辩论赛,且有近八成的受访教师表示愿意指导学生参赛,然而,不足50%的教师认为自己有能力(法律实践经验和熟练运用英语论辩的技能)胜任该赛的指导教练并带领学生从全国赛打到世界赛。那么,学生方面的情况又如何呢?国际法学院为研究生量身定制参加的实训型辩论赛主要有WTO模拟法庭辩论赛、杰赛普国际法模拟法庭辩论赛等,截至2018年,2012—2018级毕业研究生中参加以上两项辩论赛并获得佳绩的学生总共有超过50人,但进入国际组织、涉外企业(律所)工作的仅为11人。通过参加比赛促进学习实践团队构建的目标没有实现,离通过比赛带动更多的学生参加国际组织、海外企业等单位实训的目标同样差距明显。

(四)海外实训机制内在升级需求强烈

西南政法大学学生海外学习、培训及实习项目(Overseas Studying, Training and Internship Program of SWUPL,以下简称OSTIPS)是依托中国—东盟法律研究中心与海外高校、区域组织及法律实务部门签署的一系列合作框架协议下的重要涉外学生培养项目,旨在全面打造特色生涯发展的教育体系,搭建海外实训平台,推动涉外法律人才制度的深化、学生职业生涯发展的教育国际化。该项目不仅通过学习、培训和实习等多种形式拓展学生的国际视野,更注重在国际化的实务、实践环境中增强我院学生的跨文化沟通能力和国际化综合素养,从而推动实现培养具有国际竞争力的专业化、复合型法律人才的目标。海外实训机制是基于"中国—东盟'一带一路'区域法制研究联合体"框架协议、《共建"中国—东盟'一带一路'区域法制研究联合体"备忘录》以及2015年中国—东盟法治论坛发布的《重庆宣言》等重要双/多边协议

---

① 何志鹏:《模拟法庭与法学教育的职业转型》,载《中国大学教学》2016年第4期。

而建立的，且西南政法大学作为研究生的培养单位，也和各个实训单位分别签署了战略合作协议。因此，从组织架构上来看，培养单位与实训单位的实践合作有政府部门背书，合作基础牢固，合作前景广泛，合作建设目标深远而有战略意义。

我们所称海外实训机制不仅包括海外实习，还包括国际组织、区域组织以及各国相关法律部门组织的法律培训、法律实践项目等。目前国际法学院的海外实训基地主要集中于东南亚，涵盖菲律宾、印度尼西亚、马来西亚、新加坡、泰国、柬埔寨、缅甸、老挝等多个国家。目前存在的问题如下：第一，海外实训机制的互动评价体系有待完善。“七个一”的实训评价系统优势未完全发挥。[①] 学院要求海外实训学生结束实训后提供实训单位出具的实习鉴定表一份、实习生个人实习日志一份、与工作内容相关的调研报告一份以及以实习小组为单位提交每周一篇新闻稿以及每月一期工作简报等。应该说，学院已从实训工作的各个角度对实习生进行了情况把握，但其反馈效用较小。具体来说，对于实训基地单位负责人提供的实习生情况反馈表（含每一位实训导师对每一位实习生的详细评分，见图 2），学院未给予足够重视，或未形成后续的互动提升合力，未能及时总结分析并帮助学生发现、解决自身问题。学院内部对于海外实训成果的评估体系仍处于最初级的大数据分析归类阶段，尚未结合培养具有国际执业能力的法律硕士的要求进行培养方案或者培养体系的更新。第二，海外实训导师的业务指导和跟踪反馈活动形式多样，具有非正式性、周期长、以实际工作（或案例）为基础的特点，如部分受聘海外实训导师能够坚持每年至少一次回到国际法学院讲授海外实务及案例课程，但也有一部分在职法官、检察官及仲裁员公务繁忙，无法讲授实务课程，从而影响实习生实习后期的经验总结与实务能力提升。因此，导向型的培养方案落实比率还有待大幅提升。第三，学院尚未健全科学的海外实训成果互动反馈机制，“校地合作”“校企合作”的优势未完全发挥，中国—东盟法律研究中心、学院教务办、研究生管理部门之间内部机制合力缺乏继动力，合作培养涉外高端法律人才的显性成果和智库成果未得到进一步挖掘，培养单位与实训单位的交流互动欠缺，实训单位无法获得实质性的双向交互促进，从而影响海外实训规模的扩展与海外实训基地的扩建。

---

① “七个一”实训评价具体措施为：每人一份实习档案，每人每天一篇实习日志，每人一份实习鉴定表，每人一份实习调研报告，每小组每周一篇实习新闻，每小组每月一份工作简报，每小组每周一次行程报告。

Interns Assessment for Lex

1. Performance assessment and grading

10 marks: Able to meet and exceed all work performance and demand as expected. Result is very valuable and exceeded existing job description. Display high capability and able to execute the task effectively.

8-9 marks: Able to meet most of the work performance and demand as expected. Result is visible. Overall work display high quality and able to execute the task properly.

6-7 marks: Able to meet and exceed some of the work performance and demand as expected. Able to complete all the task given. Result is good. Able to discharge personal duty.

5-6 marks: Able to meet work performance and demand as expected. Able to complete most of the task given. Result can be further improved. Poor personal discharge of duty.

Lower then 5 mark: Unable to meet work performance and demand as expected. Poor working capacity. Result is unsatisfactory and unable to discharge personal duty.

2. Working Attitude

2.1 Obey company rules and policy (30%)

Item	Score
a) Obey instruction given	8
b) Execute task as instructed	8
c) Work capability	7

2.2 Work adaptability (40%)

Item	Score
a) Able to complete task	7
b) Capacity of learning new things	7
c) Creativity	8
d) Team work spirit	8

2.3. Emotional (30%)

Item	Score
a) Communication with teachers and colleagues	5
b) Participation in all activities	6
c) Willing to accept others' help and willing to help others	7

3. Performance assessment grading

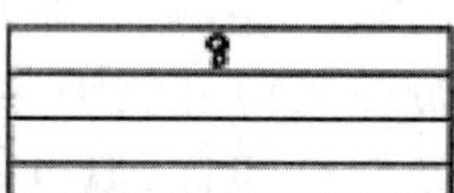

Item	Score
Comparable with company's top 10% staff (10 marks)	8
Comparable with company's top 20% staff (9 marks)	
Comparable with company's top 30% staff (8 marks)	
Unsure (5 marks)	

4. Overall comment and working performance

4.1 Students own assessment

Please assess the task given to you including the experience with the teachers and colleagues in the company. Please also assess your own performance and work capacity whether is excellent or poor.

4.2 Teacher's assessment

Please write down each individual's working capacity and any comments. Please detail out interns' performance and strength and weakness.

图 2　海外实训导师对实习生的详细评分

三、法律硕士国际化实践教育合作提升的路径探索

结合国内外研究生教育发展的历程以及成功经验,我们认识到,要以研究生教育各个环节的国际化为强力推手,通过国内外合作建设与合作办学,学习并借鉴国内外先进的研究生教育培养管理理念和经验,优化西南政法大学法律硕士国际化实务课程设置;通过双向交换学生的交流,充分利用国外优质研究生教育培训资源和海外智库的合力,促进法律硕士理论教学与实务课程、科研合作的匹配,增强研究生培养的校内外、国内外合力;通过加强对外宣传,拓展国内外发展空间,提升学校国际影响力,促进学校的核心竞争力和办学实力的不断提高,实现可持续发展。

作为拓展法律硕士视野、切实加强实际执业能力及提高其国际竞争力的重要途径,我们拟在国际法学院已经推行 5 年多的硕士研究生"海外实训"制度基础上,再次创新地提出以"两'双'一赛"(即"双核心制""双导师制""Philip C. Jessup 国际法模拟法庭辩论赛")的实训互动机制,进一步升级和完善法律硕士国际化实务能力的培养制度。针对前述国际法学院现有的法律硕士国际化实训互动机制中存在的问题,总结分析该制度执行以来的优缺点,借鉴国内外先进经验,提出具有可操作性的升级建议。

(一)构建创新型实践教育合作机制的总体思路

要实现法律硕士国际化课程体系优化改革的目标,西南政法大学国际法学院现有的师资尚不足以承担为学生提供高度满意的国际化教学实践课程体系的任务。在此背景下,我们提出强化国际合作,既包括与已签署合作共建协议的海内外法学院校的合作,也包括与海内外法律实务部门的合作。因此,本机制的建设目的是通过"两'双'一赛"实训机制及相关工作的稳步推进,对法律硕士从进校开始一直到输送到就业单位的各个环节严格把关并具体量化,通过本校导师和海内外实训导师的共同努力,培养、甄选出政治思想素质合格、法律业务能力优秀的国际化复合型法律人才。因此,"两'双'一赛"的培养模式改革应更切合实际,更具现实可操作性。要将理论与实践更加紧密地结合起来,冲破理论的实践应用壁垒。在充分的理论与实践前期准备的前提下,通过对实践备选方案的论证,完善培养方案、实训方案细则等的相关规定,如修订和完善《国际法学院法律硕士国际化"双核心制"与"双导师制"培养方案》《国际法学院遴选和培育优秀国际辩论赛选手具体细则》等;同时,借鉴国内外

的成功经验,夯实已有的海外实训机制,深入实施“以实习成果定项目”“以赛促学、以赛带训”等方案,使目标体系落地。在构建合作机制的过程中,要根据实际情况增加与辩论队员、海外实训学生、海外实训导师等的平台化交流,咨询有关领导、负责人等,综合理论和实践的各方意见,形成最终的完善建议。在完成内容与制度等细节后须组织各方相关人员进行再论证,对其可执行性和可持续性发展进行评估报告,确保其高效应用于教育培养实践。

具体来看,应同时做好培养机构(高校)和实训单位在以下几方面的准备工作。第一,综合运用底线思维、预防思维、跨界思维、创新思维和协同思维研判法律硕士研究生的课程设置、实训机制、职业生涯规划以及就业方案,力争对大数据进行理性的可视化分析,建立科学的国际化法律硕士培养方案互动论证体系。尝试微调国际法学院法律硕士的实践教学培养具体课程方案,针对不同学制、不同专业方向的法律硕士优化教学、实践安排,增加实践类教学课程份额,增加实践类教学设置必修学分,通过增设实践课程与实践模拟活动,做到主修实践,辅修基础,双拳发力。实践类学分提前修满的学生则考虑实施“优学优荐”计划(优先推荐进入实践基地或实践合作伙伴单位工作)。

第二,将“双核心制”“双导师制”的培养管理流程统一规范化,将海外实训导师的更换,海外实务课程的地域性、实操性特点涵盖在内。培养管理流程是宏观的统一执行标准,结合国际法学院法律硕士学习、实训的独特性提出一套行之有效的备选方案应是学院的“自选加分动作”。将“双导师制”流程化、目标化的同时,在实践课程中加大力度实施“双师同堂”甚至“多师同堂”,最大可能整合实践教学师资——“请进来”的实务导师加上一名或两名及以上校内基础理论课程导师,边教边做,边学边对比,让以学科为核心的理论课程现场指导以实践项目为核心的实践教学演练。

第三,在制度构建方面,实施培养单位、实训单位、学生三位一体的管理模式。对于培养单位来说,应考虑将两年制法律硕士的海外实务课程与海外实训有机融合;将海外案例课程与杰赛普辩论赛的训练相结合;等。这样既保证了海外实务课程的授课,又保持了海外实训导师培养学生的灵活性。而对于实训单位来说,应积极参与法律育人共同体的构建,密切关注和促成相关法律法规的制定和修改,呼吁将法官、检察官、律师等实务人士参与法律硕士培养作为义务性规范或倡导性规范,写入相关法律法规,并作为考评和奖励的一项指标。在人才培养制度改革方面,应将“以赛促学、以赛带训”纳入教学管理范畴,融入制定人才培养方案、设置专门教学环节、完善考核评价体系等各个环节。

第四，海外实训机制内核化升级，应正确认识与尊重海外实训导师对实习生的意见建议，将海外实训导师的教学与实践辅助功能真正合为一体，发挥其能动性。同时，用权利义务与法益的关系模式反思现有的海外实训基地建设，将其机制化建设提上日程，以双边/多边协议的形式固化培养单位与实训单位的合作，约定清楚权利义务与责任，将现有的单向式“订单”培养模式建设成为交互式“人才培养共同体”，让实训单位真正以企业的模式“下订单”并参与“生产、培养、培训”全过程，最后获得目标成效。这不仅是维护与巩固既有的友好关系，更能开拓更大的空间，为学生提供更多的选择。

（二）创新型实践教育合作机制的构建

基于前述的各项实践，我们认为，更科学的课程及学科培养方案，实践教学环节的“双核心制”与“双导师制”结合，“教、学、赛”的并轨合力发挥，大数据化保障服务以及政策、法律的保障应是建立创新合作机制的重中之重。

1.建立能动性强的法律硕士课程、实训评价论证制度

在西南政法大学对于专业型法律硕士的培养目标的原则指引下，力争建设完整可行的国际化课程和实训模式，构建科学合理的评价论证制度，为法律硕士国际化的长期工作提供制度保障。作为制度核心的评价论证制度，需结合当前国际法学院法律硕士教育教学制度与“卓越法律人才计划”以及中国—东盟法律研究中心对具有国际视野、国际职业能力的复合型涉外人才的培养的共同目标来加以构建。

第一，实务课程建设注重定量分析和实验推敲。从谋划推出一门实务课程，到能作为一门独立课程开设，必须经过严格的前期建设与意见听取。首先，由授课老师提供系统的课程大纲，学院审查后，听取反馈意见并进行修改。其次，学院根据课程内容与导向筛选适合课程的学生进行课程学习。再次，由每位受聘老师提供 MOOC 视频，学院和研究中心共同开展试课评审，评审后整理详细的听课笔记，将听课意见反馈给讲授者（受聘老师）。试课学生则须对这些课程进行质化分析和量化评估，并将评估意见返给讲授者。最后，综合这些意见与定量分析，会促成该门课程质量的提升，从而构成一门独立完整并可持续的实务课程。

第二，明确课程、评价论证的目标。评价论证是贯穿整个法律硕士国际化培养体系的能动性制度，能够随时修正培养过程中的倾向并为整个培养过程把关。将课程设置与海外实训在“培养高素质专业人才和拓展学生国际视野”这一培养目标的项下精细化、具体化，针对法律硕士不同方向不同专业的特

征,结合理论导师与实训导师共同提出的“订单式”培养方案和社会目前对该类复合型国际化法律人才的现实要求,制定出契合度高、操作性强的具体方案,强化法律硕士在学习、实训中的主观能动性,弱化行政管理中“一刀切”的分配、安排原则。如鼓励校内导师和海外实训导师“双师同堂”授课,录制课程视频作为MOOC教学素材;共同指导学生进行开题答辩训练、毕业答辩训练等。

第三,借鉴新加坡、澳大利亚、泰国等海外实训制度与海外实务课程无缝衔接的成熟经验,通过学院研究生管理领导和部门、研究生导师及导师组、海外实训导师以及法律硕士生代表集体论证研究,对现阶段实施的各种学习、实训方案进行反复再论证,明确各方职责及权责划分标准,对易产生矛盾和运行不畅的机制或制度要大胆改革,对师资、人才和资金等各个环节通过“推稿”的方式进行论证并最终确定实施细则,解决学院目前管理制度固化、适应性不强的问题。善用已有的经验,建立法律硕士国际化培养的“人才库”追踪制度,在校期间重点考核其自主学术能力和实际运用能力,将每个考核指标具体量化,形成原始数据;毕业后通过各种途径跟踪搜集其实际工作成果(效),在横向、纵向、多角度分析采集的数据基础上,对下一阶段法律硕士的国际化培养提供可行的工作建议。

2.完善优化“双核心制”与“双导师制”下的培养方案

“两‘双’制”不是国际法学院的首创,但实施过程以学院法律硕士的专业特性为对象,力求吸收借鉴国内外先进经验,以现有的成熟制度为依托,系统全面地制定有创新性、可持续性强的国际化培养协调制度。对国内外先进经验的分析适用,对学院当前工作的重难点剖析,从中提炼出对当前制度优化的建议,是学院下一步要协调加强的重点工作。首先,要与现有的各海外实训基地升级签署专门性的国际化法律人才培养的补充协议,固定海外实训基地的实训导师(组)团队,促使其形成一套完整的外国实训生能力培养方案,与西南政法大学现行的法律硕士实习培养方案对接。这不仅仅是制度层面的保障,也是充分利用实训基地的智库资源和实践平台的积极能动行为,更要通过此模式扩展至更多国家的司法部门、国际组织、区域组织机构的法律工作处,为国际法学院法律硕士国际化开辟更广阔的道路,同时争取更多的实务界合作单位,客观上提升国际法学院推进国际交流合作的工作成效。将海外实训机制纳入“高校—企业—社会”的实践育人共同体建设中,依托机制的不断完善成熟,带动新兴项目,为国际法学院加速实践育人共同体建设提供实质性的项目推进。其次,要根据法律硕士的学识程度、性格特点尽可能对口安排实训导

师。这就需要改革选拔优秀学生赴海外实训的相关制度，运用本地和远程面试相结合的方式，让实训导师从遴选环节就加入培养学生的过程，综合协调国际法学院教务办、中国—东盟法律研究中心以及研究生管理部门的具体工作，最终形成“高校—企业—社会”的培养合力。

3.“以赛促学、以赛带训”机制的并轨完善

在大力提升教育对外开放治理水平时要注意加强理论支撑。要完善国别和区域研究基地布局，加强国际问题研究。支持高等学校、科研机构、社会力量开展教育对外开放战略的阶梯状研究。据不完全统计，国际法学院已聘的海外实训导师中，有三分之一是杰赛普辩论赛的中国区评审，他们同时受聘为多所高校的杰赛普辩论赛教练。他们不仅熟悉比赛流程、规则、制度，更能有针对性地指导辩论队员在案例研读、文书写作、口头辩论上形成国际法学院辩论的风格并确保在中国区比赛中取得好名次。对辩论队员的指导，实际上也是一个实务案例课程的教授过程，能够同时促进队员在筹备过程中学习实务知识，将海外实务课程完美融入训练中，从而提高学生的实践操作能力。

一方面，应通过此类训赛项目，开创“学训赛一体化”实践教学模式，建立集教学体系、研究体系和奖励体系为一体的立体显性成果产出群。通过构建“理论教学—实践教学”协同育人共同体，形成“理论教学—案例分析—项目下单—法律实训”的标准化、递进式实践教学体系，同时推动“教赛研”互哺式专业立体化高端涉外法律人才培养模式的纵深发展，以形成业界共识，引领建立国家标准。另一方面，要注重积累教育教学改革经验，内化丰富课程指导体系，促进和加强协同创新，提升培养质量，把法律硕士“学训赛一体化”实践教学模式推向深入，切实服务全面依法治国的国家战略，服务“一带一路”倡议下的教育行动计划，夯实国际化复合型高端涉外法律人才的建设高地。

4.准确把握海外实训机制的各种数据，助其内核升级

目前，新加坡国际仲裁中心、亚洲仲裁中心（前身为吉隆坡仲裁中心）、马来西亚雪兰莪州联合法院（集高院、中院、地方法院于一体的法院）已抛出橄榄枝，表示愿意接收我院海外实训生开展实训项目，这无疑对我们现有海外实训基地的扩展是一个很好的机遇。需要注意的是，与企业和律师事务所不同的是，对于司法行政部门的实训方案，我们还需进一步与对方交换意见后协调，从而挑选出性格对口、适应力强的海外实训生开展工作。这不仅利于学生本人更快提升，还能通过实际工作的开展完善学院与该实训基地的合作细节，为海外实训互动机制的完善打下基础。

第一，综合运用外交学、社会学、人际交往学统计学、心理学等相关知识对

学生实训的结果进行有效动态追踪,根据若干不同的影响因子将追踪对象具体量化,同时以实习工作内容为理想模块,根据学生在实训期间各项活动的表现打分对照。除问题分析阶段提到的"七个一"实训结果呈报制度,还应推广固定校内导师(或管理人员)在实训期内与海外实训导师每两周定期召开视讯会议的制度(这项制度目前在3个海外实习基地开展,尚未推广到所有基地),让校内老师除纸质材料的审阅外,能获得第一手的学生实训现场情况资料,便于各位导师"订单式"的培养方案的实施。

第二,"国际化法律人才数据库"的建立不是一朝一夕的事,要举全学院之力创建"实训人员追踪制"和"高校—企业—社会交叉反馈机制"。所有参加海外实训的法律硕士在出国前就按照遴选顺序编号入库建立档案,由各实习小组组长负责对所有组员每周进行一次量化考评,并无时差地传回学院存档。如有实习生参与了当地具有一定社会影响的案件的审理或代理工作,则需在工作结束后一周内将该案件工作内容详细整理成案例库资料传回学院。每年两次的实训结束后以各实习小组为单位将所有实训资料整理后归类存入数据库的相应栏目,以便日后以国别为单位,整理出版研究生海外实训指南和实训案例汇编。

第三,依托于中国—东盟法律服务平台,借助大数据解析技术,通过微博、微信、自主开发的APP软件全方位推广和展示OSTIPS项目。扫码关注、全景自拍、实时推送、专业学术和实践经验交流、项目申请指南等模块全数上线,不定期推送各类实训项目,申请者一键下单预申请等。借助"三微一端"(即微博、微信、微视及APP)平台的资源共享、有效联动,进一步提升OSTIPS项目的整体影响力和融合发展力,更好地开发和拓展海外实训基地,凝聚和引导实训生成长进步,形成一股对其他同学有榜样力和推动力的优秀学生力量。此外,官方媒体的宣传阵地不仅要建好,更要发挥好榜样的强大作用。

第四,海外学习、培训和实习对学生来说,仍需自己负担一定生活费用,这就无形中为一些优秀但家庭相对贫困的学生设立了障碍。拟争取成功校友、社会贤达的支持,设立针对OSTIPS项目的专项奖学金,帮助与鼓励一部分贫困学生抓住难得的机遇,努力实现其梦想;动员社会各方力量,成立国际法学院海外实训基金,为优秀国际组织训练生、优秀仲裁庭培训生等获得殊荣的实训生提供奖励,甚至提供更多的海外工作机会。同样,让基金会的贡献者参与到学生培养的全过程中来,每年定期召开优秀实训生汇报会,向关心、帮助、支持的社会力量和企业致谢,从而将"高校—企业—社会"实践育人共同体建设落到实处。这也是本项目的应有之意。

四、法律硕士国际化实践教育合作提升的法律政策保障

从未来走向来看，西南政法大学与中国—东盟法律研究中心将根据前述扩大教育对外开放总要求的文件精神，一如既往地坚持双向、共赢的开放态势，力争建立、完善国内外协同推进的法律硕士国际化培养创新机制，真正实现“一带一路”高端法律人才“共商、共享、共建”制度的合作构建。教育互联互通的合作有赖于教育培养共同体作用的发挥成效。通过前文分析可知，我们目前尚需加强完善的有以下几方面的政策保障性工作：

第一，政策沟通畅通。国内外高校、企业联合培养人才的方向指引——教育政策仍需在相关教育法律、教育政策协同研究上下功夫，借助诸如“教育政策信息交流通报机制”等平台化、数字化管理模式，为合作的各国政府推进教育互通提供决策建议，为各国学校、企业及社会力量开展广泛合作交流提供政策咨询。

第二，合作渠道畅通。要着力推动“一带一路”国家间教育与文化交流，海外实习与培训的签证快速化、高效化，为往来频繁、合作众多的各国高校提供“来来往往”的便利渠道。推进中国—东盟法学院院长论坛常态化，促进与各国合作高校建立产学研用结合的国际法律咨询合作(研究中心)；建立以中国—东盟法律研究中心为平台的“国际教研服务网络”，从而完善中国—东盟法律研究智库建设，助力“一带一路”倡议的建设实践。

第三，互训互认畅通。以联合国教科文组织《亚太地区承认高等教育资历公约》为总体框架，推动中国与周边国家、区域的双/多边教育合作协议的达成，重点建立双/多边学历、实训互认机制，实现区域内双多边学历学位以及实训关联互认，共商共建双/多边或区域性法律人才培养共同体框架，从而实现区域内就业市场标准一体化。

从顶层设计来看，政策沟通居于“一带一路”建设“五通”之首，而法律保障对于政策沟通又具有基础性和推动性作用。有学者研究分析指出，我国在1996—2009年，先后与“一带一路”沿线国蒙古、以色列、希腊及马来西亚签署了双边教育合作协议，具体内容涵盖了双边教育合作协议、双边学历互认协议与学生和教师交流协议三方面。但“一带一路”倡议正式提出之后，我国与上述四国都没有再续签新的教育合作细则，这说明我国与其教育合作协议(或称实施计划)尚未正式启动。早在1983年，我国就与19个国家共同签署了《亚洲和太平洋地区承认高等教育学历、文凭和学位的地区公约书的协议》，截至

2017 年,我国与“一带一路”沿线超过 27 个国家签订了国家(地区)间相互承认学位、学历和文凭的双边协议,在学历、文凭互认工作层面有所提升,但整体工作仍比较滞后。[①] 上述研究结果揭示,在“一带一路”倡议下,我国在与沿线国家的教育政策合作上,除签订双边教育合作协议或备忘录外,暂未有“一带一路”教育合作计划或方案。另有学者认为,“健全的法律法规、政策体系是跨境教育健康有序发展的关键,完善的质量保障机制是确保跨境教育质量的根本”[②],据此提议在《中华人民共和国合作办学条例》修订的良好契机下,应顺势制定《中外合作办学法》,集中、专项解决快速发展的中外合作办学实践中的立法缺失、模糊以及滞后等问题。[③]

我们注意到,2018 年 7 月,国家人力资源社会保障部办公厅印发了《青年国际实习交流计划资助管理办法(试行)》(人社厅发〔2018〕77 号),从申请、申领、派出与管理以及违约责任等方面确立了相关权利和义务。[④] 这无疑为西南政法大学国际法学院以及中国—东盟法律研究中心在法律保障下推进法律硕士国际化实践教育合作提供了参考范本,为下一步示范化精进、典型化推广实践教育合作模式打下了制度性基础。

结　语

尽管已经迈入研究生教育大国行列,我国高等教育合作相关政策规定不落实、制度机制不健全、组织管理不到位、监督管理不够透明等问题成为我国研究生国际化教育发展的掣肘。“一带一路”倡议为高校研究生教育国际化提供了良好机遇,也提出了更高要求。因此,在培养方案审定、实践教育合作培养机制构建、法律政策保障的逐步推进下,应主动对接“一带一路”建设倡议,严格按照“政治过硬、基础扎实、业务精良、能力突出”的法律硕士国际化培养

---

① 李盛兵:《我国与“一带一路”国家高等教育合作:双边的视角》,载《大学教育科学》2017 年第 4 期。

② 薛卫洋:《质量建设进程中的高等教育中外合作办学——基于〈高等教育第三方评估报告〉的思考》,载《中国高教研究》2016 年第 2 期。

③ 李璐、石茂生:《论制定〈中外合作办学法〉的必要性与可行性》,载《天津市教科院学报》2018 年第 5 期。

④ 该管理办法所称资助对象为我国参与青年国际实习交流计划(特指《中华人民共和国政府和法兰西共和国政府关于千人实习生计划的协议》等我国政府与其他国家政府所签订的国际实习协议中符合条件的青年)。

目标，将“两‘双’一赛”实训互动机制作为现阶段保持和提升法律硕士整体素质的主要抓手，为西南政法大学的“双一流”建设与国际化奋斗目标，培养兼具全球意识和解决国际化问题的高端法律人才。西南政法大学国际法学院将始终致力于提升与完善面向全球的复合型涉外法律人才的培养工作，热忱呼吁国内外法学界的专家学者、商业团体和其他机构以及国内外法学会、律师协会、律师公会等权威机构，对 OSTIPS 项目给予更多的关注与支持，助力培养未来 10～20 年引领中国与东盟法律关系走向的中坚涉外高端法律人才。

法学创新人才培养机制研究*

岳树梅** 魏宇涵***

摘 要:高校法学专业教育是培养国家法学创新人才的重要基础,尤其目前我国正处于建设创新型国家的关键历史时期,比任何时候都更加迫切需要法学创新人才的支撑。通过对当前我国法学教育的反思与总结,我们发现我国法学创新人才培养仍存在着一系列问题,如法学创新人才培养机制落后;面对"一带一路"发展新机遇的重要时期,国家人才需求和人才供应出现错位;等等。所以对法学创新人才培养机制的更新、对国家法学高等教育的完善,对国际人才需求变化的适应等这些要求都迫在眉睫。

关键词:法学创新人才;培养机制;教育改革

随着法治社会的建设与发展,创新型国家的转变与进步,我国法学人才教育也与时俱进,做了相应的调整,将培养法学创新人才作为核心建设方向。目前法学创新人才培养不仅是我国高等教育的价值追求,也是我国建设创新型国家和人力资源强国的迫切需要。但是在法学创新人才培养的改革中,教育思想理念各种各样,效果也大相径庭。只有通过对法学创新人才培养机制的更新,才能不断推动我国法学高等教育体系化,培养出适应社会新发展的创新型人才。法学创新人才培养是教学改革实践中的重要任务,我们仍需进一步的研究和反思,建立更完善的法学创新人才培养机制,为国家发展提供更加强大的法学人才力量。

---

* 本文系西南政法大学教改重点项目"法学创新人才培养体系的研究与实践"的阶段性成果。

** 岳树梅,西南政法大学国际法学院教授,博士生导师。

*** 魏宇涵,西南政法大学国际法学院硕士研究生。

一、法学创新人才培养机制存在的困惑

目前我国法学创新人才培养已经有了一定的发展，而对当今发展现状的研究与分析，有利于我们发现问题之所在，从而建立更为优化的法学创新教育培养机制。

(一)法学创新人才培养机制现状

自2011年12月23日教育部、中央政法委员会发出《关于实施卓越法律人才教育培养计划的若干意见》后，全国各设有法学教育学科的高校都随之开启了卓越法律人才教育培养计划。在国家创新人才培养理念、依法治国理念、新发展理念的贯彻实施之下，我国法学高等教育也一直处于不断改革和进步之中。

1. 教学培养方式多样化发展

法学是一门实际应用性较强的学科，仅靠理论知识的传授来培养人才是片面且不足的，所以近年来各大高校采取了开设新课程、举办模拟活动等形式，促使教学方式朝着多样化的方向发展。例如案例教学、讨论式教学、模拟法庭、模拟联合国、诊所式教学等。[①] 这样的教学方式虽然得到了一定的推广和实施，但仍存在活动过程流于形式或者囿于传统模式的现象，并没有切实对学生起到能力培养和思维扩展的作用。

2. 创新能力在教学培养方案中的实施

教学培养方案的拟定是学校对人才培养的重要步骤，也是培养机制中最为核心的内容。法学专业人才培养方案决定着法学创新人才的培养过程和结果，所以培养方案的制定尤为重要，而其中课程设置对于创新人才的培养是最为关键的一步。目前对于创新能力的培养，大多数学校都是以制定创新创业课程为主，通过传授创新创业知识、技能，提高学生的创新能力。

3. 学校与社会开启了营造法学创新氛围与兴趣引导环境

随着法治社会的建设，社会普法活动的开展，依法治国、依法行事的风气越来越浓厚，一些高校也自发地承担了部分社会普法活动，并且加入了法律援助项目。这些社会实践不仅可以促使学生加深对法律神圣性、庄严性的认识，

---

① 冯玉军:《我国法学教育的现状与面临的挑战刍议》,载《中国大学教学》2013年第12期。

还能使他们应用理论知识切实地完成一些法律救助项目,将法学理论与实践相结合,提升对法学的兴趣、创新性与责任感。

(二)法学创新人才培养机制存在的问题

目前我国法学创新人才培养,虽然在很多领域已经有了一定的改变和调整,但是仍旧存在一些问题需要加以完善。

1. 法学创新人才培养的概念和相应指标模糊

虽然目前我国高等教育将创新人才培养作为各个学科的主要改革内容,但是不同的学科对于创新人才的培养标准和概念是不同的。就法学创新人才培养而言,它是以培养"创新人才"为目的,在一定教育方针和教育思想的指导下,通过法学教育教学和文化影响而采用的一种具有创造性、方向性、实践性的教育培养过程,其目的是培养适应国家新发展且具有创新能力的人才。但是目前,我国的法学创新人才培养大多拘泥于国家对高校的硬性指标,尤以科研成果或论文数量等为主要的参考内容,在这些硬性指标的束缚之下,高校对创新人才的概念就容易囿于单一的理论型人才,而忽略应用型和管理型人才。[①] 概念与指标的模糊造成了法学人才培养过程的不完整性以及人才的单一性。创新性不仅要体现在学术与科研上,同时也应体现在实际应用与管理能力上,不明确的单向人才培养很难适应国家日新月异的发展。

2. 法学创新人才培养机制的内容与形式不健全

法学创新人才培养是一项需要在实践中不断完善的体系化工程,仅靠简单的课堂模式更改或教学措施的推行是难以实现的。现如今很多高校为了创新人才的培养,也做了一些努力,但大多数高校只是将法学创新人才培养的过程简单化为创新创业课程、创新学分、创新课题等这些基本的教学任务,忽略了法学创新人才培养的活动化、社团化、创业化等模式,以及这些模式与教学任务之间的逻辑联系和相关机理的研究,没有形成一个完整且相互配合的教学培养机制。因此,法学创新人才培养的内容与形式都还存在一定的发展空间。

3. 法学创新人才培养与社会需求的错位

人才培养的最终目的在于人才的应用。但从我国实务部门等用人单位的普遍反映来看,目前我国法学教育所培养的学生存在法治精神不足、创新实践

---

① 宁清同:《我国法学教育培养目标的偏失与矫正探析》,载《中国法学教育研究》2018年第3期。

能力不强、缺乏国际视野和创新精神等问题。特别是目前我国法律适用人才呈现出结构性问题，一般法律人才供过于求，而法学创新人才严重短缺，培养出的法律人才出现了职业取向与社会需求错位的现象。这样的教育培养无法为国家解决创新人才短缺的难题，创新人才培养的改革必须在实践中与社会需求接轨，才能达到应有的效果。

二、法学创新人才培养机制创新的必要性

我国法学高等教育系统的现状、社会对法学创新人才的大量需求，以及"一带一路"的建设和创新型国家的发展，都明确指明了法学教育的发展方向，所以法学创新人才培养机制的构建迫在眉睫。

(一)法学创新人才培养机制存在一定的滞后性

法学教育与人才培养需要与国家和社会发展保持一定的适应性，所以教育改革和教学创新是必不可少的。如今的法学创新人才培养机制仍存在一定的滞后性，所以有必要对其进行创新。

法学创新人才培养机制包括法学人才培养指导思想、培养的预期目标、培养的形式与内容、培养制度设定等。而国家相关教育制度的丰富、国际法学教育形式的探索、社会与科技的进步等这些因素的变化，都可能会使创新人才培养机制产生滞后性，从而阻碍法学创新人才的产出。法学创新人才培养指导思想如果不能及时跟上国家指导思想和政策，则不能为学生甚至老师提供正确的思想引导和精神引导；如果法学创新人才培养的预期目标不能跟上国家社会的需求，法学人才的创新性则会大打折扣，人才的适用性也会降低；如果法学创新人才培养的内容与形式不能及时借鉴先进的教学方式与理念，创新人才培养的质量与效率则会下降。而目前我国法学创新人才培养在以上的几个方面确实还存在一定的滞后性，所以有必要进行相应的创新和改革。

(二)创新型法学人才的社会需求越来越大

首先，国家日新月异的变化与发展逐步体现为国家对人才需求的结构性转变和创新型人才的短缺。目前随着科技的进步与互联网产业的增多，身边的新鲜事物越来越多，而与此同时矛盾与冲突也越发多样化，传统的法学知识和不能及时更新解释的法条成为解决冲突的绊脚石。此时法学创新人才则需要用好其扎实的法学功底和创新性，为国内生活中层出不穷"新鲜冲突"提供

合理的法律解决途径。

其次,法学人才的就业发展已经逐步扩展到其他的各行各业,尤其是管理方面。以目前的就业而言,法学人才在行政管理、企业管理等领域就职的也非常之多,而法律人选择非法律行业就职的人数已经超过 50%。① 这一现象的出现一是因为法学毕业生人数多,法律行业就业竞争大;二是因为法学专业人才就职本身具有多样化;三是基于目前法治社会的构建,各管理行业对法学人才也有需求。所以,从法学人才就业与社会实际需求来看,法学创新人才在未来的社会中仍处于需求上升阶段。

(三)"一带一路"建设为法学人才提出了新要求

随着我国"一带一路"工作的不断推广,"一带一路"人才培养机制也在进一步的发展和探索阶段,而目前我国"一带一路"法学创新人才严重缺失,传统的法学人才培养很难适应新的人才要求。现如今"一带一路"主要缺少专业性的涉外法律人才,而我国的法学人才培养对于涉外方面大多限于理论的教学模式,在实践应用方面却很少涉及。② 涉外法务对从业人员的要求非常高,我国目前对法律人才的培养大多只局限于国内法务,而涉外法务的涉及范围很小。这是目前我国法律方面面对"一带一路"建设的一大难题。

就目前我国法学教育来看,首先人才培养和教学内容比较单一,法学教育几乎不涉及其他学科的内容,而掌握"一带一路"沿线国家的语言是成为一个合格涉外法律人必须具备的技能之一。但我国法学教育对小语种学科很少涉及,通常是否具备小语种技能完全在于学生自己是否有兴趣,而非教学的培养内容。所以面对"一带一路"对法学创新人才的基本要求,我们也应考虑在体系构建中加入其他语言的学习,培养出真正用得上的人才。③

三、法学创新人才培养机制新框架

法学创新人才培养机制包括法学人才培养指导思想、培养的预期目标、培

---

① 张庆林、栗军:《高等院校法学专业大学生就业状况调查研究——以河北省高校为对象》,载《"决策论坛——管理科学与经营决策学术研讨会"文集》(上)2016 年 9 月 3 日。

② 胡戎恩:《创新人才培养模式 成就一带一路法律精英》,载《法制日报》2016 年第 12 期。

③ 聂帅均:《"一带一路"倡议与我国涉外法律人才培养新使命》,载《重庆高教研究》2019 年第 1 期。

养的形式与内容、培养制度设定等方面，而从学校角度考量，本文仅从法学创新人才培养的目标、形式、机制内容、制度等方面作具体论述。

(一)法学创新人才培养的新目标

高校在进行法学创新人才培养之前，首先应该明确其人才培养的预期目标，即培养什么样的学生或培养出的学生应该具备什么样的能力才能真正称得上法学创新人才。根据目前国家与社会对法学人才的需求，笔者认为以下几点是培养法学创新人才所必要的：(1)培养具备创新实践能力的人才。创新实践能力是法学创新人才走向社会岗位必不可少的基础，无论从事什么类型的工作，只有懂得将创新理念转化为创新实践的人，才能真正适应社会瞬息万变的发展。(2)培养多样化的人才。不仅要有理论型人才还要有应用型人才，不仅要有法律业界的人才也要有其他能够迈入管理类、金融类、互联网类的人才。(3)培养有国际视野的人才。面对我国的新发展阶段，法学创新人才还需要拓展视野，将知识面、学习面扩展至国际范围之中，这样才能适应国际法律问题解决的人才需求。

(二)法学创新人才培养的新形式

现今，我国很多高校为了提升学生的创新能力，将创新学分这一项设定在了培养方案中，每一个学生必须完成足够的创新学分才可以毕业。这种强制性的创新能力要求有利于营造校园内的创新氛围，同时引导学生将创新作为一种必要的能力和精神去掌握并发扬。但是创新学分制度需要一个具体的过程引导，假如将创新学分等同于一个学期的创新课程，那创新能力的培养就变成一门需要及格的课而已，并不能真正起到创新人才培养的作用。对此，本文提出如下的创新人才培养新形式(图1)。

创新学分的形式多样化是高校首先应该完善的地方，如将创新学分分配在创新课程、创新课题、创新实践活动之中，先对学生进行创新精神和知识的引导，再发展至创新理念的形成与探究，最后到创新理念的具体应用，通过这样一个循序渐进的过程对学生进行系统化的创新能力培养。而在创新课程、创新课题、创新实践活动的具体施行过程中，高校可以考虑以活动、创业、社团建设、竞赛等方式为学生提供创新的机会与平台，丰富创新过程实施的形式与选择，扩展学生思维，让学生在包容且不受限的环境下培养创新能力。

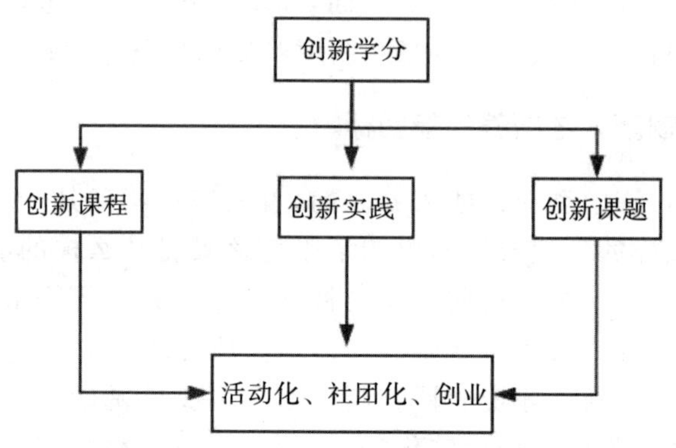

图1　法学创新人才培养形式

(三)法学创新人才培养的新机制

法学创新人才培养的过程需要一定的机制构建,只有在一些不同的教育机制的共同实施与配合之下,才能形成一个固定的机制循环系统,促进法学创新人才的培养。

1. 引导机制

在高等教育中,引导占据着很重要的地位,因为高等教育不再像义务教育一样,由老师监督并督促着学习,高等教育更多地依赖学生的自觉性,所以引导机制的构建要有利于提升学生的好奇心和积极性,让学生在一种自我驱动的状态下学习,让法学的知识和技能在学生的自我发掘中逐步牢固。引导机制的构建需要学校加强对学生的兴趣培养和有计划性的学习方向引导,尤其应该引入创新能力和创新实践等内容。兴趣培养在于因材施教。学校应根据不同学生的兴趣、优势和能力,提供不同的学习选择,设计更丰富的教学内容,引导学生为自己的兴趣和志向而努力,这样才能让学生在创新领域中有更大的发展。

2. 实践机制

实践在法学教学中常常被忽略,因为法学理论知识繁杂且量多,且理论知识的讲授占大部分的课程量。此外,学校也很少设置法学创新实践的活动机制,所以实践机制的建立是有必要的。实践的前提是计划或理念的形成,所以在引导机制的带动下,学生能完成前提内容。而实践具体实施环节则需要学校建立相关的渠道与平台。如设立实践教师指导、实践资金借助、实践资源引

用、实践平台提供等一系列的内容，构建完善的实践机制，让创新计划能够切实地实施下去，让法学人才真正参与创新的全过程，这样才能做到创新能力的培养。

3. 激励机制

无论什么类型的学习都离不开激励机制，学习的过程漫长且伴随着很多困难，所以激励机制的建立有利于提升学生的积极性并且使教育模式更科学。在关注学生的学习动态和创新能力时，也要在不同的学习领域和创新实践中建立激励机制，如设立创新课题比赛、创新创业竞赛，通过比赛制给予优胜者和参与者一定的奖励与支持，从而激起学生对法学创新的兴趣。

4. 评价机制

激励机制的实施离不开评价机制的建立。人们无论以什么身份处于社会之中，都永远被其所处圈域相应的评价机制评判着，这看似是一种束缚，但同时也是一种变相的激励形式。评价机制的建立不仅应该适用于法学理论考试，也应该设立在上述的培养形式过程中。不同的培养形式都需要评价机制进行最后的评判和总结，只有在评价机制的总结下，被评价者才能了解自身在法学创新人才培养过程中存在的优势和不足，然后开始下一步的学习和提升。

上述四种教育机制是一个循环的机制系统（图 2），前一机制促进后一机制，它们可共同运行并且连续提供动力。

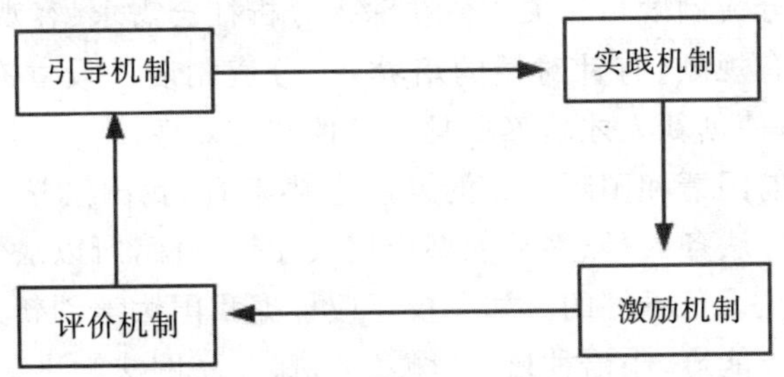

图 2　法学创新人才培养机制系统

四、法学创新人才培养内部制度创新

法学创新人才培养的内部制度创新应与上述的相关机制、形式构建相辅相成,通过明确制度以保障机制正常运行。

(一)考核制度

考核制度是教育管理制度中不可缺少的部分之一,在教学体系的建设中起着重要的作用。教育考核是指考核主体根据一定的教育目标,运用科学手段,通过系统收集整理相关的信息,对教育过程、成果进行标准判断。[①] 所以高校建立考核制度需要以上述法学创新人才培养目标为基准,运用相关的培养形式和机制,通过考试、评价、毕业生就业追踪等方式对学生及教师进行考核。如就创新课程、创新课题和创新实践等过程进行的评比,包括对学生在过程中的参与度、最终形成的成果、成果质量等方面进行考核,并从考核结果中分析出具体的优化方案,以适用于后续的法学创新人才培养过程。教学考核制度的建设应该同时完善教师考核,如通过学生评价和教师的帮助来进行等。根据应对创新人才的培养模式与机制,强化相关创新课程和创新实践的评价标准。

考核制度的设立有利于完善法学创新人才培养机制,只有通过对考核结果的分析和研究,高校才能从中总结出法学创新人才培养形式的优劣,才能不断地发展创新人才培养的具体过程,从而形成更完善的体系。

(二)分流制度

高等教育分流制度指相关主体在深入分析社会需求、客观意愿的基础上,对客体进行的有规划、有针对性的培养。[②] 分流制度的设立有利于对学生进行科学的培养,使创新人才培养更具针对性和有效性。

就我国目前国情和国际社会的发展态势来看,我国法学创新人才的缺失主要集中在涉外法务人员、多功能型应用人才等方面,所以法学专业院校仅对专业进行分类是远远不够的。如学校还应根据我国法学创新人才需求建立相关的涉外法务技能班、小语种班、金融商务班、互联网法学班、人工智能法学班等,在法学大专业之下作小班或课程分类,建立起分流体系的基准。最重要的是,高校还应该对学生进行相关的调查分析,将有不同成绩、学术研究方向、工

---

① 赵建立:《刍议“双一流”建设中的高校教育评价制度改革》,载《开封教育学院学报》2018 年第 38 卷第 12 期。

② 吴海江:《高等教育分流制度的现实困境与创新思考》,载《中国成人教育》2019 年第 3 期。

作志向的学生作一定的调查和分类，实施因材施教的教学理念，将学生分别置于不同的专业、班级、课程培养体系之中，让学生选择自己感兴趣的领域，这样的人才培养才能激起创新的火花。

（三）管理制度

高校的管理涉及行政与教学两个方面，而此处以教学方面为基准。教学管理体现在学校对学生和教师的权利限制以及义务供给方面，所以从学生角度而言，教学管理主要体现在对学生的上课、考试、实践等所有学习过程的严格监管中。

就创新能力的培养而言，学校应该严格将创新学分落实在具体的创新课程、创新课题、创新实践之中，让学生切实参与到创新的过程之中；并严格执行相关考核与评价，建立创新人才奖学金制度，给予创新人才一定的资源、资金、技术支持。此外，高校还应该设立具体的实践管理制度，利用高校与社会不同类型的资源，如与法院、检察院、律师事务所等相关法律职业部门进行沟通与对接，让学生在课余与社会法学职业部门进行交流，在实践中运用所学知识进行创新。

法学创新人才培养机制的构建有利于逐步优化我国法学创新人才培养现状，促进人才培养与国家需求相适应，解决法学创新人才缺失的问题。但是法学创新人才培养机制的构建仍需要高校进一步在实践中进行探究，发扬优良之处，改进不足之处。此外，高校还需要借助国家、社会的力量，为法学创新人才培养提供更多的资源与平台。所以法学创新人才培养机制仍需要一定的时间和相关体系制度的完善才能达到更好的效果。

专题二

中外合作办学与人文交流中的法律问题研究

孔子学院教育人员海外权益法律保障机制研究*

王玫黎** 陈 悦***

摘 要:孔子学院教育人员在海外面临着人身、财产安全的威胁和普遍的就业歧视,自身法律认知的不足和外国人身份又加大了维权的难度,因而其海外合法权益得不到有效保障。基于此,我国一方面可以利用现有的国际人权保护机制,在适当的时候加入批准更多的国际人权公约,并充分利用非政府组织的"软权力",从国际层面加强对教育人员海外权益的保护;另一方面可以通过与世界各国缔结双边或多边条约改善教育人员的就业环境,减少政策性歧视,以及完善国内立法,适时制定领事保护法强化国家对教育人员的领事保护。此外,还可以通过扩展国内工会的职能,倡导购买海外保险产品等手段在国内层面为教育人员的海外权益的保护构建起全方位、多层次的法律保障机制。

关键词:孔子学院;教育人员;海外权益;法律保障

孔子学院以教授汉语和传播中国传统文化为使命,是提高国家文化软实力和维护国家文化安全的重要项目。自 2004 年设立第一所孔子学院以来,孔子学院已经从一个蹒跚学步的婴儿成长为一个英姿勃发的少年,以其蓬勃的生命力迅速占领了世界的文化高地。孔子学院的发展壮大离不开教育人员的贡献,但教育人员的人身、财产安全饱受非传统安全和恐怖主义的威胁,教育

* 本文系王玫黎主持 2017 年国家社会科学基金项目"中国—东盟合作开发南海区域海洋制度研究"(17XGJ003)的阶段性成果;西南政法大学 2019 年第一批国际化特色智库项目"中外人文交流及教育人员权益的法律保障机制研究"(2019XZGJHZK-09)的成果。

** 王玫黎,西南政法大学国际法学院教授、博士生导师,西南政法大学海外利益保护研究中心执行主任,中外人文交流及教育涉外法律研究中心研究员。

*** 陈悦,西南政法大学国际法学院博士研究生。

人员在东道国的工作也面临东道国国内法和政策的歧视,因而教育人员的海外权益得不到维护。“工欲善其事,必先利其器。”因此,如何加强对孔子学院教育人员海外权益的法律保护研究就显得十分有必要。

一、孔子学院教育人员海外权益的法律保护现状

(一)孔子学院教育人员人身、财产安全受到威胁

据统计,2017 年我国内地居民首站赴外国访学、务工、旅游、投资人次高达 6000 万,在外留学生人数将近 140 万,这与中国的迅速崛起和经济全球化的发展关系密切,再与国际社会恐怖主义的蔓延、非传统安全威胁的与日俱增和“中国威胁论”的甚嚣尘上交织在一起,对中国公民海外人身、财产安全的保障构成严峻挑战。2017 年外交部和驻外使领馆会同有关部门,妥善处置社会治安、自然灾害、意外事故、恐怖袭击和劫持人质多个领域的领事保护和协助案件 7 万起,①这意味着领事官员平均每天要处理将近 200 件中国公民在海外的人身安全和财产权益受损的案件,这样的工作量对领事官员来说无疑是巨大的,但也说明对海外公民人身安全和财产利益的保护具有现实紧迫性。

从图 1 可以看出,经济发展水平和政治局势与中国公民发案率成反向,在经济发展水平最次、政治局势不稳定的非洲地区,中国公民发案率最高,是将近其他区域的四倍发案率;反之,美洲为最低。我国每年向世界各地的孔子学院派出中文教师及志愿者逾万人,且数量还在不断增加,其中不乏非洲地区,这些区域在短时间内经济不会得到质的飞跃,国家局势也不会一蹴而就地稳定下来,未来一定时期内将继续保持高案发率。亚洲、欧洲是孔子学院和孔子课堂设立较多的两个区域,派驻的教育人员超过总数二分之一,同时也是仅次于非洲公民案发率最高的两个区域。可以得知,孔子学院教育人员在海外普遍面临着人身、财产安全的威胁。

(二)普遍存在的就业歧视

《服务贸易总协定》(*General Agreement on Trade in Services*,简称为

---

① 《2017 年度领事工作国内媒体吹风会》,http://cs.mfa.gov.cn/gyls/lsgz/ztzl/2017ndlsgzcfh/t1524915.shtml,最后访问日期:2019 年 8 月 9 日。

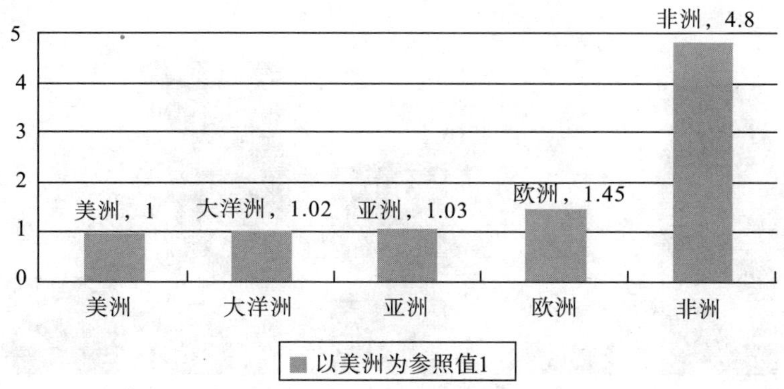

图 1　五大洲海外中国公民发案率对比

（资料来源：《2015 年中国境外领事保护与协助案件总体情况》，2018 年 8 月 9 日，中国领事服务网，http://cs.mfa.gov.cn/gyls/lsgz/ztzl/ajztqk2014/t1360879.shtml.）

GATS）是唯一约束教育服务[①]的国际法律规范，内容涵盖教育服务的四种模式[②]。孔子学院教育人员属于其中的自然人存在，在实践中，东道国对孔子学院的教育人员有诸多歧视，内部歧视主要有签证和入境的限制，国籍、语言或居住要求的限制。比如法国就要求高等教育中的自然人存在除非有续订的新合同，否则在法时间不得超过 9 个月，以及东道国对盈利汇回的限制，收益的汇回被要求支付过度高昂的费用或者要求税收被要求进行货币换算。外部歧视则主要是东道国对孔子学院教育人员资质的不认可，阻碍教育人员的进入，或是通过劳动能力测试、经济需求测试等手段为教育人员设置更多的壁垒，无形之间抬高了市场准入的门槛。

---

① 这里的教育服务指国际教育服务，在 GATS 的相关文件中，"教育服务贸易"（trade in educational services 或 trade in education services）和"教育服务"（educational services 或 education services）使用得最多，所以本文直接使用了教育服务。此外，WTO 秘书处在关于教育服务的数据统计中，使用的是"国际教育服务"；联合国教科文组织、欧洲理事会在相关文件中使用的是"跨国教育"。

② 分别是模式一：跨境交付，指服务经过跨境，被提供者供给另一边界内的消费者。如美国的教师通过互联网为中国的学生提供教育服务。模式二：境外消费，强调服务的消费者跨境享受服务，服务提供者在本国境内给另一国家的消费者提供服务。如美国学生来到中国留学。模式三：商业存在，指一国服务提供者通过在其他成员领土内的商业存在提供服务。如中国在美国开设孔子学院。模式四：自然人存在，指一成员国内的服务提供者通过在其他成员领土内的自然人存在提供服务。如中国人去美国当汉语教师。

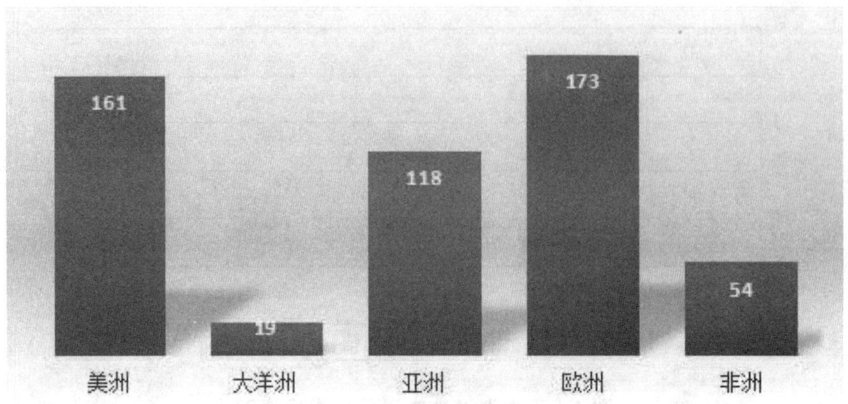

图 2　孔子学院各大洲分布图

(来源:作者自制)

所以,虽然国际上已有对教育服务进行约束的国际法律文件,但由于教育服务,尤其是自然人存在涉及国家教育主权和文化安全等敏感话题,WTO 成员国对此作出承诺的国家很少。即使是作出承诺的国家,在实践中也会通过签证、移民政策和制定盈利汇回规则等的方式来限制孔子学院教育人员的市场准入,减损教育人员的海外利益。

(三)教育人员对东道国法律认知不足且难以维权

“闻道有先后,术业有专攻。”虽然我国向世界各国(地区)派驻的中文教师和志愿者都有着精湛的讲授技巧和丰富的国学知识,但他们对东道国的法律认知以及如何维权知之甚少,也鲜于主动进行相关知识检索。因为在进行对外派遣规划培训过程中,学院往往更倚重对教学内容与行为仪态的塑造,忽略了对教育人员自身权益的保护教育。另外,教育人员长期躬耕中文教授与文化传播,对东道国法律理解有限,即使东道国已有完善的国内立法,教育人员也无力得知。

教育人员的海外维权也是一大困境。“主权与管辖权的冲突、劳动权的公法性与劳动仲裁的私法性以及语言障碍、取证烦琐等多方面的限制”,[①]使得维权路上困难重重,维权周期也被无限拉长。若在国内,还可以寻求工会的支

---

① 陶斌智:《中国海外劳工权利法律保护研究》,武汉大学出版社 2016 年版,第 50 页。

持，但教育人员远在异国他乡，国内工会也是鞭长莫及，而国外工会因为教育人员的外籍身份，也会拒绝教育人员的求助申请。

二、保护孔子学院教育人员海外权益的重要意义

（一）保护教育人员的海外利益是发展民间外交，共建人类命运共同体的题中之意

新时期的中国外交意在为国家发展、全面建成小康社会营造良好的外部环境，维护中国在国际社会合法正当的权益，互利共赢，共同发展。这就需要调动一切可以利用的外交资源，搭起人民友谊的桥梁，发展国家间的友好关系。民间外交作为中国官方外交的有益补充，长期以来在增进中国人民与世界人民的交流与友谊，开拓新的外交领域，促进国际交流与合作，维护世界和平与发展方面发挥了重要作用。民间外交也是中国总体外交的重要组成部分，是中国坚持走和平发展道路，构建和谐社会，营造人类命运共同体必不可少的途径，民间外交可以说是新中国外交史上的一大创举。

孔子学院以文促民，是新中国开展民间外交的重要载体，孔子学院教育人员是孔子学院发展民间外交的有力支撑和力量来源，教育人员将中国人民对自由、幸福的追求带给世界，将中国人民期盼和平、共谋发展的愿望诉诸世界，人民之间的信任和理解是真挚而美好的，也是更为国际社会所接受的。“国之近在于民相亲”，通过民间外交在一点一滴中积累世界人民对中国的好感，使世界相信中国的和平崛起，自愿加入人类命运共同体的建设。由此可见，保护教育人员的海外利益是发展好民间外交的前提，也是“外交为民”，开展外交工作的最终目的。

（二）保护教育人员海外权益是维护我国文化安全、提高文化软实力的重要前提

美国“软实力之父”约瑟夫·奈认为：“一国的文化越是具有普适性，它就越能够建立起有利于自己的准则和制度，主宰国际行为规范。”[①]这说明，文化的接触非常有必要，在彼此的沟通交流中，能有效地消除误解，增加信任而减少猜疑。中国传统文化以“和”“合”为基础，倡导“以和为贵”“和实生物，同则

① ［美］约瑟夫·奈：《软实力》，马娟娟译，中信出版社 2013 年版，第 87～100 页。

不继”,倡导“天下大同”“睦邻友邦”“中华民族具有独特的和平主义文化传统,与西方对外扩张的文明不同,中国对本国文明的认识不包括侵略的使命”。[①]在西方世界牢牢霸据“文化话语权”的今天,拥有五千年灿烂文化历史的中国需要走出国门,直面挑战,丰富世界的多元文化。

孔子学院作为中国文化“走出去”战略的重要工程,以教授汉语和传播中华传统文化为使命,自2004年在韩国设立第一所孔子学院以来,以其蓬勃的生命力迅速占领了世界的文化高地,截至2017年年底,全球共有146个国家(地区)建立了共525所孔子学院和1113个孔子课堂,[②]孔子学院被外国媒体称为是中国文化“最妙的出口品”。教育人员是教授中国语言、传播中国传统文化的有力践行者,维护好教育人员的海外利益,为他们免去工作的后顾之忧,对中国文化输出,提高国家文化软实力,进而维护国家文化安全有着重要意义。

(三)保护教育人员海外权益助力我国“一带一路”建设

截至2017年,孔子学院向各国派出汉语教师3574人,向127国派出汉语教师志愿者6306人,为重点支持“一带一路”国家汉语教学,派出教师1076人。[③] 这说明,孔子学院的发展与“一带一路”建设有诸多契合点。一方面,“一带一路”建设为教育人员海外权益的保障奠定了基础,“一带一路”建设对国内经济的发展,国家综合实力提升的推动作用不仅会直接提高教育人员的海外待遇,还会使国家在保障教育人员海外利益时更有能力,也更有底气。另外,“一带一路”建设以经济发展为核心,旨在通过互联互通,整合各沿线国的优势力量,发挥不同地区的比较优势,实现互通有无、合作共赢、共同发展的目标。[④] “一带一路”产生的联动效应使沿线国搭乘中国经济发展的快车都能得到快速发展,为中国的政治外交营造了良好的区域氛围,为进一步的改善和保护教育人员的海外利益提供政治保障。

另一方面,教育人员海外权益的保护也能助力“一带一路”建设。教育人员通常拥有两国及以上的语言优势,对当地的文化,经济发展有着更深刻的认

---

① Mark Mancall, *China at the Center-300 Years of Foreign Policy*, Free press, 1984, p.11.

② 《关于孔子学院/课堂》,http://www.hanban.edu.cn/confuciousinstitutes/node_10961.htm,最后访问日期:2019年8月7日。

③ 2017年《孔子学院年度发展报告》,第6页。

④ 金玲:《“一带一路”:中国的马歇尔计划?》,载《国际问题研究》2015年第1期。

知，孔子学院还通过“新汉学计划”[①]培养了更多高尖端的人员，他们都是“一带一路”建设所需的紧迫性人才。教育人员还是向沿线国人民阐释我国“一带一路”倡议的主要民间团体，维护好他们的海外利益有利于培养他们的爱国意识，树立起他们的民族自豪感，进而正确、完整的解释中国的国家政策，改变外国人民对中国崛起的片面认识，更加理性、客观地看待中国的“一带一路”建设，为“政策沟通、设施联通、贸易畅通和资金融通”提供广泛的民意基础，真正做到“润物细无声”。

三、孔子学院教育人员海外权益保护的国际法基础

(一)人权法的理论

在现代国际法上，人权的发展大概经历了三个重要时期：第一个时期是从资产阶级掀起革命到社会主义思潮的兴起，这个时期主要主张公民权利和政治权利，以及要求司法公正，代表性文件有美国《独立宣言》和法国《人权宣言》；第二个时期从俄国爆发社会主义运动至“二战”结束，反压迫、反剥削，追求社会、经济、文化的普遍权利是这一时期的特点，代表性文件有苏联颁布的《被剥削劳动人民权利宣言》和德国《魏玛宪法》；第三个时期从“二战”后发展至今，人权行动从国内扩展到国外，从追求公民普遍权利到追求公民的发展，追求世界和平和环境保护，显示出了国际集体人权的强大诉求和发展动能。代表性文件有《世界人权宣言》、《公民权利和政治权利国际公约》和《经济、社会、文化权利国际公约》，这三大国际人权文件在全球范围内构筑起国际人权保护的基本框架。[②]

人权法的发展将国家尊重和保障人权视为一项法律义务，主要目的是限制、约束国家公权力，防止公权力的滥用。国际人权法的发展要求国家不但要保护本国人，还要保护外国人，这不仅是一种双面承诺，也是对整个国际社会的承诺。[③] 所以，面对孔子学院教育人员越来越严峻的海外权益形势，通过签

---

① “新汉学计划”是为帮助世界各国青年深入了解中国和中华文化，繁荣汉学研究，促进孔子学院可持续发展，增进中国与世界人民之间的友好关系的发展计划。该计划共涉及中外合作培养博士、来华攻读博士学位等六个项目，专业领域为人文科学和社会科学。

② 陶斌智：《中国海外劳工权利法律保护研究》，武汉大学出版社 2016 年版，第 52 页。

③ 黎海波：《海外中国公民领事保护问题研究》，暨南大学出版社 2012 年版，第 8 页。

订双边或多边条约改善教育人员的就业环境,完善国内立法来维护他们的合法权益是十分有必要的。

(二)国家管辖权理论

在主权理论中,主权独立是一个国家生存、发展的基石,是国家能够屹立于民族之林,独自承担国际义务和行使国家权利的前提条件。从这个意义上讲,国家主权与国家管辖权是上下位的概念,国家管辖权从属于国家主权。国家管辖权从理论上分为属地管辖、属人管辖、保护管辖和普遍管辖。孔子学院教育人员的海外权益受到侵犯不在我国的领土管辖范围内,但只要具有我国国籍,无论其身处何处,国家都可以基于属人管辖行使管辖权,这是被国际社会所认可的国家主权在其领土范围外的合理延伸。然而,我们应当注意的是,我国对教育人员的属人管辖和东道国的属地管辖是相冲突的,如何处理好这两者之间的关系对构建和谐的国际关系有着重要意义。通常情况下,属地管辖优于属人管辖,因为"确定的领土"是形成国家的前提,是国家一切权利、义务的来源,国家在选择适用管辖权时会首先选择属地管辖。所以,尽管我国对孔子学院的教育人员拥有属人管辖权,但东道国的属地管辖权处于相对优先的地位,我国的属人管辖应保持克制,让步属地管辖,但这不代表我国就对此不具有管辖权。国家对那些危害国际和平与安全以及危及全人类共同利益的特定罪行还享有普遍管辖权,每年教育人员在海外遭受的恐怖袭击、人质劫持案件和因政局动荡造成的人身、财产受损案件不在少数,我国对此进行严厉打击也是在维护全人类的共同福祉。

(三)国家领事保护理论

国家领事保护来源于国家的属人管辖,就像《奥本海国际法》书中所说的那样:"虽然外国人在进入一国的领土时立即从属于该国的属地最高权,但是,他们仍受他们本国的保护。根据这一普遍承认的国际法的习惯规则,每一个国家对于在国外的本国公民享有保护的权利。"①国家领事保护具体指:派遣国的外交领事机关或领事官员,在国际法允许的范围内,在接受国保护派遣国

① [英]詹宁斯、瓦茨修订:《奥本海国际法》(上卷第二分册),王铁崖等译,商务印书馆1989年版,第173页。

的国家利益、本国公民和法人的合法权益的行为。[①] 领事保护的主要内容为中国公民、法人在海外的合法权益，主要包括：人身安全、财产安全、必要的人道主义待遇，以及与我国驻当地使领馆保持正常联系的权利等。[②]

国家领事保护与外交保护[③]不同，首先，国家领事保护不以损害事实已经发生为前提，在公民的人身、财产安全受到严重威胁时也可以采取国家领事保护，如 2008 年中国撤离滞留的泰国游客，被认为是新中国成立以来最大规模的海外游客撤离行动。其次，国家领事保护也不以他国的国际不法行为为前提，比如因为自然灾害等不可抗力的发生，国家撤离在东道国内的本国公民，不构成东道国的国家责任。最后，国家领事保护也不以用尽当地救济为前提。国家领事保护主要是为了保护本国公民的人身、财产安全不受侵害，而不是追究东道国的国家责任，因而在外交工作中，它与人民群众的切身利益联系最为直接和紧密。

四、孔子学院教育人员海外权益法律保障的完善路径

（一）利用现有国际人权保护机制保障教育人员的海外权益，并在国情允许的情况下加入、批准更多国际人权公约

发展和保障人权是联合国宗旨[④]成功实现的必备条件，我国可以充分利

---

① 《中国领事保护和协助指南（2015 年版）（五）》，http://cs.mfa.gov.cn/gyls/lsgz/ztzl/lsbhzn2015/t1260458.shtml，最后访问日期：2018 年 8 月 9 日。

② 《中国领事保护和协助指南（2015 年版）（五）》，http://cs.mfa.gov.cn/gyls/lsgz/ztzl/lsbhzn2015/t1260458.shtml，最后访问日期：2018 年 8 月 9 日。

③ 我国国际法学者王铁崖这样定义外交保护："如果一国国民受另一国违反国际法的行为的侵害而不得通过通常途径得到解决，该国民所属的国家有权对其实行外交保护，这是国家法的一项基本原则。国家为其国民采用外交行动，该国实际上是主张自已的权利—保证国际法规则受到尊重的权利。"这种界定不但规定了外交保护的实体规范，而且也规定了最为关键的程序规范——不得通过通常途径得到解决，即用尽当地救济，而且还明确指出了外交保护是一项国家权利。具体参见王铁崖主编：《中华法学大辞典（国际法学卷）》，中国检查出版社 1996 年版，第 572 页。

④ 《联合国宪章》宗旨的第二点和第三点都体现了发展和保障人权的要求，"发展国际以尊重人民平等权利及自决原则为归于之友好关系，并采取其他适当办法，以增强普遍和平"；"促成国际合作，以解决国际属于经济、社会、文化及人类福利性质之国际问题，且不分种族、性别、语言或宗教，增进并激励对于全体人类之人权及基本自由之尊重"。

用联合国现有的国际人权保护机制来维护我国教育人员的海外权益。

除了上述提到的三大国际人权文件以外,联合国大会还通过了包括上述两个国家人权公约在内的 9 个“核心公约”。这些公约体现了每个公民都应有的公民和政治权利,以及在社会、经济和文化方面所享有的普遍权利,还制定了包含强制性缔约国报告制度、国家对国家的控告制度和个人来文制度等在内的国际人权保护机制,并成立人权事务委员会,经济、社会和文化权利委员会,消除歧视委员会等机构负责国际人权事务的执行与监督。我国加入并批准了当中的大部分核心公约,未来还可以从以下两个方面努力完善我国的国际人权保护机制,从而保护教育人员的海外权益:

1.积极履行国际人权保护义务,提高我国在国际人权保护领域的话语权。我国应恪守承诺,积极履行国际人权公约所规定的人权保护义务,最重要的是不能以人权保护为借口去干涉他国内政,扰乱国际秩序。同时积极参加国际人权保护的代表会议、研讨会,让世界看到中国在人权保护领域的进步和积极贡献,从而提高我国在国际人权保护领域的话语权。

2.在符合国情的情况下,加入更多的国际人权公约,并批准尚未生效的公约。中国倡导与国家发展阶段相适宜的人权保护,中国是发展中国家的国情始终没变,不能要求中国的人权保护在短时间内一跃而上达到与西方发达国家同等的水平,西方国家所坚持的“只有公民和政治权利才是人权,而经济、社会和文化有关的权利,只是国家的政策不是人权”[①]的观点显然不适合中国的国情,因而,中国加入、批准国际人权公约应该由自身的国情来决定,而不能由西方大国来主导。

(二)放大国际非政府组织的优势,用道德的力量促进各国重视对教育人员海外权益的保护

政治多极化的出现和世界经济一体化的发展催生出越来越多的国际非政府组织,相较于国家和政府间的国际组织,国际非政府组织在促进全人类共同利益发展方面有着自身的独特优势。国际非政府组织没有主权国家官僚体制的束缚,也不像政府间的国际组织,主要是依赖主权国家对公约、会议精神的有效实践。国际非政府组织不以追求政治利益为目的,其主要针对一些全球性的问题,尤其是环境保护、国际人权、教育发展等公益性领域,通过召开国际会议、国际研讨会,发表专业报告等方式,唤醒或加强人类在

① 白桂梅:《国际法》,北京大学出版社 2015 年第 3 版,第 291 页。

这一领域的道德意识，甚至是向主权国家施压，影响主权国家国内政策的实施，从而在最大范围内促成国际合作，推动全球性问题的解决。国际非政府组织的行动显示的不是权利，也不是金钱，而是一种完全的人道主义和利他主义精神，使各国和各国人民不自觉地参与国际规则的制定并有效付诸行动。

"冷战"以后，国际非政府组织在维护全人类的共同利益，促进人类共同进步方面贡献越来越大，国际影响力逐步提升，国际地位也从国际社会的边缘被拉到世界政治的中心，国际非政府组织可以直接在联合国经社理事会以自己的名义独立地发表意见，而不必像以往那样必须通过在经社理事会里有咨商地位而间接地表达自己的主张。[①] 孔子学院教育人员海外权益的保护既关系到国际人权的发展，也关系到世界教育的进步，我国可以吸引国际非政府组织对教育服务领域的关注，抓住国际非政府组织向国际社会建言献策的机会，倡导切实维护教育人员的海外权益，反对对教育人员的歧视性法规、政策，用道德的力量加强对教育人员海外权益的保护。

(三)积极与世界国家缔结双边或多边条约，为保护教育人员的海外权益提供更多国际法依据

WTO大部分成员国都对教育服务尤其是自然人存在未做承诺，孔子学院的教育人员在东道国面临普遍的就业歧视，其中原因，可想而知。东道国认为教育服务尤其是自然人存在，会涉及一国的意识形态，甚至威胁到国家的教育主权安全和文化安全，这是其一。尽管孔子学院在美国、欧洲等资本主义国家的文化传播并不触及意识形态，汉语教学活动也不以强加中国价值观为目的，但还是引起了欧美国家的不安与猜疑，[②]孔子学院在这些国家时常引发信

① 雷淑红:《国际非政府组织(INGOs)的角色分析》，中央编译出版社2011年版，第92页。

② 汪段冰、苏长和:《中国海外利益研究年度报告(2008—2009)》，上海人民出版社2010年版，第263页。

任危机。① 其二,东道国认为孔子学院的教育人员在进入东道国后会与本国的教育人员形成竞争的态势,增加本国的就业压力,另外放开对自然人存在的准入也有可能会造成国家签证的被滥用,所以,无论是出于哪种考虑,东道国也会为外来教育人员设置更多的障碍。其三,若以国家的发展水平作为标准,设立孔子学院的发达国家教育体系和制度相对来说都比我国更加完善和成熟,它们是世界上主要的教育输出国,对自然人存在的需求本就很少,势必对教育人员的要求会更高;另外就是发展中国家和不发达国家,它们主要是想通过自然人存在引进先进的技术和优秀的管理人才,对于孔子学院的设立,它们更多的担心还是国家教育主权和文化的安全,所以为了掌握本国教育的主动权,对孔子学院的设立也有抵触情绪。最后,随着教育服务的持续发展,尤其是跨境消费的普遍化,相互承认学历和资质是一个必然的事情。目前,也有一些国家和地区已经采取了双边或多边的机制和措施来解决这一问题,今后各国应努力在尽可能多的国家内达成最大范围的学历和资质互认。

要想打开它们的心结,妥善处置教育人员遭遇的就业歧视,可以与“一带一路”沿线国家缔结双边或多边条约。一来可以将这些国家担忧的签证问题、学历资质互认的问题放在明面上来谈判;二来也可以弥补这些国家在GATS中未做承诺的法律空白,为教育人员海外利益的保障寻找更清晰、明确的国际法依据。条约应尽可能地对以下几个方面作出具体的规定:

1.放宽教育人员的市场准入。因为“一带一路”的沿线国家对GATS项下的教育服务基本只做了水平承诺,还有一些对GATS项下的教育服务未作任何承诺,而真正约束缔约国的却是在具体领域做出的具体承诺。所以,中国在与“一带一路”沿线国谈判磋商时应尽可能地扩大自然人存在的市场准入,特别是扩大教育人员市场准入的类型,减少东道国对教育人员准入规模、人数的限制,以及尽可能地拉长教育人员在东道国的停留时间,为教育人员创造一

---

① 2012年5月17日,美国突发公告,要求在该国持有J—1签证的孔子学院部分中国汉语教师,违反了美国的签证规定,必须于6月30日前离境。与此同时,还要求在美国的孔子学院申请有关资质的认证。虽然此后被证明是一个乌龙事件,但业内人士普遍认为此事并非偶然,孔子学院带有中国国家汉办的官方色彩,在海外的正常文化交流很容易被误读甚至是曲解,自2010年开始,美国就开始通过各种方式对孔子学院进行意识形态方面的调查,包括对信件、教材的审查。另外,孔子学院在德国、英国均“享受”到在美国类似的待遇。凤凰网:《孔子学院签证风波》,http://news.ifeng.com/shendu/zgxwzk/detail_2012_06/01/14986889_0.shtml。类似事件还有《美国再度叫停孔子学院风波的背后》,http://heller10.blog.sohu.com/305821397.html,最后访问日期:2019年8月8日。

个良好的外部环境。

2.签证的申请。国家签证被滥用也是东道国对自然人存在作出严格限制的原因之一，在缔结双边或多边条约时，可以制定特别的教育人员签证，使之与移民签证、外交签证区别开来，同时明确教育人员签证短期停留的性质和停留的具体时间。另外，在申请签证的过程中，还应当简化签证的申请程序和缩短办理签证的时间，教育人员签证的申请主要是工作许可和进入东道国许可，如果按照普通的签证程序来办理，会在无形中增加教育人员的麻烦和时间浪费。还可以在条约中直接规定申请签证的材料和时间，增加办理签证的透明度，用最直接的方式减少对教育人员的准入歧视。

3.防止滥用经济需求测试。经济需求测试是国家有关部门授权行业组织或机构对该领域进行的市场准入需求测试，测试过程不公开，信息不透明，一旦做出对本国该领域不利经济影响的决定，就可以拒绝他国的进入，所以经济需求测试常被 GATS 成员国假以借口防止自然人存在的流动。这对我们在缔结条约时的启示就是，如果可以，将教育人员排除在经济需求测试的范围外是最好的，若各国在此无法达成一致，也应该限制各国对经济需求的测试，至少要规定经济需求测试的原则、经济需求测试的具体程序、操作规范以及复议的程序。

4.对缴纳高昂汇回手续费或双重征税的约定，条约应对教育人员海外收益汇回的手续费限制在合理的范围内。另外，中国已经与世界上的近百个国家签订了避免双重征税的协定，为避免重复交税和漏税，缔结条约时可以作相同的规定：如果教育人员在东道国停留的时间尚不能达到享受社会保障福利的缴纳年限，则可以不交税；为了避免漏税，也可以要求教育人员先缴税，在工作届满时由教育人员向东道国提出申请，退还等额的税款。

5.加快缔约国相互间的学历、资质认证。鼓励中国和“一带一路”沿线国家加入世界已有的国际资质认定协定，也可以加入区域性的条约，如《亚洲和太平洋地区高等教育学历、文凭和学位认可的区域公约》，还可以在条约内容里直接达成仅关于孔子学院教育人员资质认定的条款。

6.争端解决机制。中国与“一带一路”沿线国家缔结的双边或多边条约是保障孔子学院教育人员海外利益的国际法依据，对不履行缔约义务的国家可以约定直接适用 WTO 的争端解决机制，也可以依据现代国际法的争端解决方法，妥善处理国际争端。

(四)强化我国领事保护的保护作用，减少教育人员人身、财产的损害，并且适时制定《领事保护法》

首先，可以强化我国领事保护的预警职能。“凡事预则立，不预则废”，预防是对教育人员海外利益最好的保护。在孔子学院设立时就应该考虑当地的政治环境、地理环境，对自然灾害频发、政治局势动荡不安的地区可暂缓孔子学院的设立。目前，我国对出国人员的信息登记制度采取的是自愿的态度，但可以强制要求孔子学院的教育人员进行登记，此后便可将恐怖袭击、意外事件、自然灾害等的各种领事提醒及时传送给教育人员，使其对周围的环境有更清晰的认识，从而有计划的行动。还可以学习国外先进的领事保护预警机制，扩宽我国预警的方式和渠道，提高我国领事保护的预警能力。

其次，增加我国领事官员的数量，最重要的是加强对领事官员综合素质的培养。2017 年我国使领馆官员共处理领事保护和协助案件超过 7 万件，平均每天要处理将近 200 件，早已超出现有领事官员的工作能力范围。一些紧急情况的处理还会涉及地理、政治、法律多个学科领域的专业知识，因此，培养一支专业能力强、综合素质高、有大局意识和奉献精神的领事官员队伍非常有必要。

再次，我国已经与世界上的绝大部分国家建立了外交关系，却只签订了 49 份双边领事条约与协定，其中还包含部分已经失效的条约与协定。① 这说明我国在这方面的立法还比较滞后，限制了国家在世界范围内外交保护的进一步发展。虽说我国也是《维也纳领事关系公约》的缔约国，但也不是所有国家都是它的缔约国，所以我国应该重视对双边或多边领事条约或协定的签署，方便今后的双边或多边领事合作。

最后，在实际成熟时，可以制定《领事保护法》。加强国家领事保护的保护作用，制定专门的《领事保护法》也很有必要。我国在领事保护立法上已经做出了一些初步尝试，2009 年国务院法制办将《中华人民共和国领事工作条例(征求意见稿)》全文公布，广泛征求社会各界的意见；②2018 年，外交部就《中

① 苏卡妮:《中国领事保护立法的不足与改进——以中外双边领事条约为主要视角》,载《福建师范大学学报(哲学社会科学版)》2013 年第 2 期。

② 《国务院法制办公室就〈中华人民共和国领事工作条例(征求意见稿)〉公开征求意见的通知》,http://www.chinalaw.gov.cn/art/2009/11/19/art_33_202813.html,最后访问日期:2019 年 8 月 10 日。

华人民共和国领事保护与协助工作条例(草案)(征求意见稿)》向社会公开征求意见。[①] 但不可否认的是,尚无一部专门的领事保护立法。制定《领事保护法》有诸多益处,它不仅是领事官员处理与日俱增的领事保护与协助案件的工作指南,还是给外国的本国公民提供专业的领事保护引导的专门性文件,更是人民群众监督国家领事保护工作实施情况的依据。"有了群众的监督,工作上就不会偏失正确的方向。有关领事保护案件,不要害怕曝光。"[②]

(五)在法律层面外,追求多层次、立体化的保护机制

在加强国家领事保护的同时,还可以制定一些并行不悖的机制措施,全方位保护教育人员的海外权益:

1.加强对教育人员的普法教育。"高高兴兴出门,平平安安回家"是孔子学院对每一位外派中文教师和志愿者的心愿,教育人员远离祖国,生活在陌生的环境,接触的都是陌生的人,再对教育人员进行岗前培训的同时,加强教育人员对东道国整体情况的了解,及时将危险情况、风险评估结果告知教育人员,提高教育人员对东道国法律的认知,培养教育人员拥有极高的法律意识和风险防范意识,做到心中有数,"不打没有准备的仗"。

2.增加国内工会的国际职能。随着世界经济一体化程度的加深,尤其是中国"一带一路"建设的发展,不只是孔子学院的教育人员,还会有越来越多的中国公民去海外务工,这对国内工会的传统职能有了新的要求,国内工会可以设立一个专门针对海外劳工权益保护的分支,专门援助在国外的本国公民的海外权益。

3.倡导教育人员购买海外保险。我们永远不会知道,明天和意外哪一个先来临,所以为了以防万一,为教育人员购置海外保险是必要的。保险购入的方式可以采取国内医疗保险的出资方式,由单位和个人共同出资购买,也可以由孔子学院购买一些基本险,教育人员根据自身的具体情况再购置特别险。

4.利用好官方媒体的力量,重塑我国国际形象。"以道佐人主者,不以兵强天下。"在国际舆论中,声誉向来很重要,"中国威胁论""文化威胁论"甚嚣尘

---

① 《外交部就〈中华人民共和国领事保护与协助工作条例(草案)〉(征求意见稿)向社会公开征求意见》,http://cs.mfa.gov.cn/gyls/lsgz/fwxx/t1545294.shtml,最后访问日期:2019 年 8 月 10 日。

② 颜志雄:《日本领事保护制度研究——兼论中日领事保护制度的差异》,外交学院 2006 年硕士论文。

上,对我国的国际形象造成了很大的负面影响,仅凭孔子学院的教育人员,在短时期内想要根本改变外国对孔子学院的抵触情绪无异于蚍蜉撼树。所以,我国应重视舆论的作用,利用好国内外的官方媒体,耐心地向国际社会解释对中国的误解,强化国家间的对话,对中国的诽谤更应该据理力争、沉着应对,使孔子学院宣扬的中国传统文化能被更多的人所喜爱,孔子学院的教育人员能在更多的国家得到认可。

结　语

由上可知,孔子学院教育人员是我国构建新型大国外交关系,贯彻国家文化"走出去"战略,提升国家文化软实力的重要群体,也是国家"一带一路"倡议建设所需的紧迫性人才。但教育人员的海外权益受到多方面的损害,与其发挥的重要作用不相匹配,无论是基于国际人权法的发展,还是基于国内属人管辖权对在海外的本国公民进行领事保护的要求,我国都应该加强对教育人员海外权益的法律保护。为此,我国应积极利用国际人权保护机制和调动非政府组织的能动性,同时加强国家领事保护的作用,制定并行不悖的保障措施,这样从国际、国内两个层面,再从法律到非法律的多种途径,同时进行,多管齐下,必定能更好地维护教育人员在海外的合法权益。

我国高校对外合作办学"引进来"相关法律问题探究

徐忆斌* 任 杰**

摘 要:高校对外合作办学作为我国参与国际多边贸易的重要内容,其规模越来越大,但我国相关法律法规对不具有法人资格的合作办学机构法律地位的定义不清,导致其办学权能有所缺失。随之而来的外国合作方的权益难以得到保证;合作办学无法发挥应有的双赢效果;教育主权存在流失和被规避等问题涌现出来。鉴于此,应当给予不具有法人资格的合作办学机构以"非法人组织"法律地位;加强教育主权保护,完善合作办学监督机制;坚持对外合作办学原则,对中外办学法律法规祛荒存菁、加以完善,使其可有效打破教育对外开放发展的桎梏,与国际服务贸易规则有机对接,从根本上解决相关问题,使高校对外合作办学"引进来"之举发挥其应有效用。

关键词:中外合作办学;教育主权;办学监督

改革开放四十年来,我国高等教育对外开放的规模已然成型,尤其在引进外国教育资源,与国外教育机构合作办学方面成绩斐然。1990 年代以来,原国家教育委员会下发和颁布的《关于境外机构和个人来华合作办学问题的通知》和《中外合作办学暂行规定》,对合作办学的概念、原则和申办程序等作出规定,对改革开放以来中外合作办学政策进行了有益探索。[①] 特别是中国"入世"以后,由于 WTO《服务贸易总协定》(GATS)第一次在多边合作中将高等教育作为一项服务贸易进行规制,中国为适时履行"入世"承诺并进一步加强高校的竞争

---

* 徐忆斌,西南政法大学国际法学院副教授、硕士生导师,中国—东盟法律研究中心秘书处副秘书长。

** 任杰,西南政法大学 2017 级法律硕士研究生。

① 刘宝存、张继桥:《改革开放四十年教育对外开放政策变迁的历史考察》,载《高校教育管理》2018 年第 12 卷第 6 期。

力,在《教育法》的基础上,国务院和教育部分别颁布了《中外合作办学条例》(下简称《条例》)和《中外合作办学条例实施办法》,对高等教育对外合作办学作出符合GATS项下服务贸易规则的具体规定并赋予其新的含义。2010年,国家颁布《中长期教育改革和发展规划纲要》,对扩大教育开放进行了规划,内容包括加强国际交流与合作、引进优质教育资源、提高交流合作水平和扩大政府间学历学位互认等。① 在"打造一批示范性中外合作办学机构"的要求下,我国高校对外合作办学进入了高水平示范性发展阶段。②

习总书记在十九大报告中提出,要优先发展教育事业,加快教育现代化,实现高等教育内涵式发展。③ 这不只是对教育工作提出的新要求,更为教育工作的开展指明了方向。对于高校对外合作办学而言,这一教育方针不但符合我国教育对外开放的基本理念,而且更加适应了国际教育合作中的规则。通过借鉴世界各国对外合作办学的成功经验,为我所用,努力办出有中国特色的高等教育是中国赢得更多的世界教育治理话语权的关键。尤其在"一带一路"倡议下,与沿线国家进行高校办学合作,不仅可以拓宽对外合作办学的领域,加强我国教育理念的输出,也能在教育"引进来"过程中积累更多对外合作办学的有益经验。

一、我国高校对外合作办学机构的发展现状

高校对外合作办学是我国教育对外开放的重要组成部分。吸收国外的教育教学方法和管理模式经验为我所用一直是我国高等教育对外开放"引进来"所坚持的教育改革措施。在教育对外开放过程中,将国外教育机构、人员、技术、管理经验、办学模式以及学生培养方法"引进来"是走在教育对外开放最前沿的,同时也是最早实行的、做得最好的。虽然我国高校对外合作办学的成果丰硕,但中外合作办学规模的日益扩大与相关法律法规滞后之间的矛盾对构建教育对外开放新格局会产生不利影响。总的来说,我国高校对外合作办学机构的发

① 国务院办公厅:《国家中长期教育改革和发展规划纲要(2010—2020年)》,2010年7月29日。

② 李淑艳、郭强:《国际化进程中的中外合作办学创新发展》,载《中国成人教育》2018年第14期。

③ 《决胜全面建成小康社会,夺取新时代中国特色社会主义伟大胜利——在中国共产党第十九次全国代表大会上的报告》,2017年10月18日。

展现状呈现如下特点。

(一)大部分中外合作机构无法人资格

我国高等院校对外合作办学机构可以分为两类,即具有法人资格的和不具有法人资格的。前者最为典型的有宁波诺丁汉大学、西交利物浦大学以及昆山杜克大学等,后者有上海交通大学交大密西根联合学院、吉林大学莱姆顿学院等。具有独立法人地位的中外合作办学机构独立性较强,可以自主开展教育教学活动,其权力机构为理事会或董事会,经过国家教育部门的批准可以给予学生学历和学位证书,对机构的财产拥有完全的自主权并独立的对外承担责任。不具有法人地位的合作办学机构则受制于国内高校,其管理机构为联合管理委员会,不得以自己的名义颁发学位和学历证书,不能任意处置机构的财产,包括科研成果和专利,同时也无须对外承担责任。截至 2018 年 11 月,我国本科层次以上对外合作办学机构有 99 所,其中具有法人资格的合作办学机构只有 9 所,①占比不到十分之一。合作办学机构法人资格的缺失已成为我国高校对外合作办学"引进来"过程中所成立合作办学机构的常态。

(二)合作办学机构的决策权受到限制

根据《条例》的规定,中外合作办学机构需设立理事会、董事会或联合管理委员会。联合管理委员会是不具有法人资格的高校对外合作办学机构的应设部门,《条例》列明了其职权,包括七类明确的权利和一项口袋权利,即"章程规定的其他职权"②。从该部门的职能配置可以看出,其权利较大,俨然成为不具有法人资格的合作办学机构的决策机关,与《公司法》中的股东会、股东大会职能相近,行使着权力机关的权利。但在实际操作运行中,联合管理委员会空有决策之名,而没有决策之实,受制于中方具有法人资格的一级机构。以河北大学和英国中央兰开夏大学合作创办的河北大学中央兰开夏传媒与创意学院为例,该学院设立的联合管理委员会由中英双方派人组成,学院的大小事项由其决定。章程特别规定,重大事项必须经过委员会三分之二以上委员的同意。然而实际过程中,该学院主要由河北大学实施管理,受制于中方院校的内部管理机制,外

---

① 《教育部审批和复核的机构及项目名单》,中华人民共和国教育部中外合作办学监管工作信息平台,http://www.crs.jsj.edu.cn/index/sort/1006,最后访问日期:2018 年 12 月 30 日。

② 《中外合作办学条例》第 23 条。

方高校很少承担管理事宜,委员会需要在重要决策作出前向河北大学征求意见。[①]

(三)合作办学机构缺失相关权利能力

对于我国较多的不具有法人资格合作办学机构而言,其在财产和对外承担责任等方面的权利和行为能力是缺失的。首先,合作办学机构缺失财产所有权。对于中外办学投资者在成立合作办学机构时所投入的财产一般可以被该机构所使用,[②]但对于机构运营过程中所产生或被赠与的财产,其使用的权限往往会受到合作办学协议以及中方办学者的影响。合作办学机构对财产的收益和处分权能的行使也存在争议,尤其对于科技成果的归属、转让、收益而言。[③]虽然《民政部关于对中外合作办学机构登记有关问题的通知》中规定成立不具有法人资格的中外合作办学机构,使用《民办非企业单位(合伙)登记证书》,[④]以合伙企业来对待,但科技成果并不因此而当然成为中外合作办学者所共有。其次,合作办学机构对外承责能力缺失。我国不具有法人资格的中外合作办学机构在成立前后所从事的民事法律行为,虽然可以自己的名义作出,但并能不承担相应的责任。最后,合作办学机构办学权能不健全。我国不具有法人资格合作办学机构除了行使教育职能以外,还需要行使管理的职能,如人员选聘、设备维护、学生管理等,虽然有一定的独立的办学权限,但其隶属于国内高校的实际情况也往往使得自主办学权能大打折扣。[⑤]

---

① 也就是说,联合管理委员会在学院重要的人事任命、章程修改、发展规划等方面的权利受到限制,不能发挥其应有的作用,与《条例》中列举的职能不相匹配。此外,合作办学机构实行校长或行政负责人负责制,且校长或行政负责人一般均为联合管理委员会的委员,其行为往往会影响联合管理委员会的决定。受我国相关法规的影响,外方的人员一般不任职于非法人中外合作办学机构的校长或行政负责人职务,因此,联合管理委员会有时就沦为中方办学者的执行机构,而非决策机关。此外,管理效率低下,发生问题后相互推诿也是缺乏自主权的体现。刘迪、田菊会:《中外合作办学机构行政管理问题及对策研究——以河北大学中央兰开夏传媒与创意学院为例》,载《现代营销》2017年(下旬刊)。

② 但使用的范围有限,多用于教学研究和行政管理。朱同琴:《试析我国法律有关中外合作办学机构财产制度的规定》,载《中国教育法制评论》2012 年第 10 辑。

③ 邹煌华:《不具法人资格高等教育中外合作办学机构之法律问题——以深圳实践为例》,载《特区实践与理论》2017 年第 5 期。

④ 《民政部关于对中外合作办学机构登记有关问题的通知》第 4 条。

⑤ 邹煌华:《不具法人资格高等教育中外合作办学机构之法律问题——以深圳实践为例》,载《特区实践与理论》2017 年第 5 期。

(四)中外合作办学机构收费普遍较高

我国高等学校中外合作办学的非营利性质与外国投资者实际通过合作办学而获得利益的实质冲突,使得合作办学收费昂贵。虽然我国《教育法》认定教育机构为非营利性质,但其实际运营中收取的学杂费等事业收入表明其可以通过教学收取一定的费用。外国投资者正是利用这一缺口,在合作办学的同时,不断借助教育服务作为 GATS 项下服务贸易具有营利性的理由,提高合作办学机构的收费,导致一般的学杂费用较为高昂。外方凭借丰富的教育资源和营销经验迫使中方高校在合作办学的收费当中给予其较多的份额,不仅掠夺了我国教育的资源主权,更违背了我国教育事业的公益性。

二、我国高校对外合作办学机构存在的问题

(一)不具有法人资格导致法律地位不明

根据《条例》规定,[①]中外合作办学机构一般应当具备法人资格,但外国教育机构同中国实施学历教育的高等学校设立的实施高等教育的中外合作办学机构,可以不具有法人资格。法人资格需要依我国法律的相关要件来认定,同时具备法人资格也就具了法律赋予的特殊的权利和行为能力。然而对于高等教育对外合作办学中可以成立的不具有法人资格的合作办学机构而言,“不具有法人资格”的机构性质究竟为何,条例并未言明。

通过对高等教育合作办学机构的探查可以发现,具备法人资格的少之又少,而“不具有法人资格”的机构相较前者多了七倍。[②] 现实中,这种“不具有法人资格”合作办学机构,一般依托于国内某高校为主体,由国内高校与外方合作院校共同创办,系国内高校的下属二级机构,实行高校内设二级学院运作制度,与主体母校共享资源。[③] 但是由于法律地位不明,这些作为二级机构隶属于国内具有法人资格高校的中外合作办学机构,其权利和行为能力必然当然受到一

---

① 《中外合作办学条例》第 11 条。

② 李海辉、高雪梅:《本科层次中外合作办学现状、问题与对策》,载《黑龙江高教研究》2018 年第 3 期。

③ 林金辉:《中外合作办学规模、质量、效益研究》,厦门大学出版社 2016 年版,第347~356 页。

定的限制。《条例》中并没有对占中外合作办学机构类型比例如此之重的非法人二级机构作出定义,但其需要从事独立招生、开设专门的课程、制定相应的教学培养计划以及雇佣外籍教师等行为,独立性受到限制,其行为必然会产生相应的法律风险。

(二)外国合作方的权益难以得到保障

根据我国《条例》第21条,[①]无论是否具有法人资格,中外合作办学机构的决策机构(理事会、董事会或者联合管理委员会)中,外方人员所占比例是受到限制的,表决权的限制会使得外方权益难以得到保障,也可能使合作办学机构产生重大决策失误。我国的相关规定本意在于教育对外开放的同时不流失中方教育主权,但问题在于,《条例》没有对于中外合作办学机构中外双方出资份额进行规定,也即外方有可能因出资多而占份额比例大。一般这种情况下,法人或者组织的决策权是与当事方在决策机构中所占份额相对应的,但《条例》此举表明,外方即便投入较多的资本,但其在决策机构中的人员数量至多只能占二分之一,无异于直接削弱了外方在合作办学机构中的权利。此外,过分强调本国教育教学手段的使用,[②]不仅使合作办学的优势丧失,同时也较大的限制了外方的能动性,不符合GATS项下的教育服务的内涵,不利于我国国际化人才的培养和多边贸易体制的参与。

(三)合作办学无法发挥应有双赢效果

对于我国较多的不具有法人资格合作办学机构而言,其在合作办学机构缺失财产所有权,因此不具有法人资格合作办学机构只能产出和有限使用其占有的财产且无法处分,合理性存疑,不利于产学研结合,间接限制了其发展。此外,由于缺乏对外承担责任的能力,当不具有法人资格办学机构的财产不足以赔偿时,往往需要由具有法人资格的高校进行补充赔偿,如此方式的事后追偿,往往会使国内高校陷于被动的局面,不仅要对合作办学机构的行为承受承担法律责任风险,同时也要承受事后追偿的风险。因此对于合作办学机构而言,一方面对外行事时的资格受到质疑,会影响不具有法人资格合作办学机构的日常运

---

① 《中外合作办学条例》第21条规定,具有法人资格的中外合作办学机构应当设立理事会或者董事会,不具有法人资格的中外合作办学机构应当设立联合管理委员会。理事会、董事会或者联合管理委员会的中方组成人员不得少于1/2。

② 《中外合作办学条例》第四章教育教学的规定。

行，致使其行事效率低下，久而久之，就会阻碍教学科研的发展；另一方面也会给参与合作的中方主体机构增加巨大的风险和负担，影响其实施和拓展合作办学的积极性。

(四)教育主权存在被规避和隐性流失

传统的教育主权在国外投资办学者进入中国后有所松动，尤其是中国加入WTO后，有关教育服务贸易的开放承诺更加使得国家教育主权存在隐忧，因此《条例》在《教育法》[①]的基础上，对维护国家教育主权提出了具体要求。[②] 但这些禁止性规定并不能有效地屏蔽教育主权的流失，强势的外国合作办学者仍然可以通过自主的设置相应课程、参与教育教学管理等方式，潜移默化地攫取合作办学机构的教育权能。此外，我国中外合作办学还存在隐性的教育主权流失。[③] 比如教育主导权方面，中方合作办学者应当在合作办学机构中主导教育的进程。但现实情况中，国内的高校为了吸引外国优质大学与其合作办学，会在教学方式、课程设置、人员选聘、决策模式、思想教育方面做出妥协，使得外国合作办学者在合作办学机构中话语权加重，中方逐渐丧失办学主导。又比如发达国家对外合作办学中往往会利用中方高校合作心切之机，通过强大的推销手段，将其教育资源和西方思想打包出售，完成文化软实力的霸权输出。如果引进了这样的"优质"资源，我国的教育主权也会存在较大的隐性流失。

三、我国高校对外合作办学相关问题的成因

高校在对外合作办学"引进来"的过程中存在的问题已经严重影响我国高等教育合作办学的既定路线，并渐渐削弱了继续发展的动力，同时也不利于我国进一步开放教育服务领域，将教育作为一项服务贸易融入世界多边贸易体制之中。为了更加有效地消除中外合作办学存在的隐患，需要对不具有法人资格合作办学机构的法律地位不明以及由此所衍生的相关问题进行分析，探讨在中

① 《教育法》第67条规定："教育对外交流与合作，坚持独立自主、相互尊重的原则，不得违反中国法律，不得损坏国家主权、安全和社会公共利益。"

② 例如禁止中外合作办学者建立有关义务教育等特殊性质的教育机构；禁止外国宗教机构、人员在国内合作办学；合作办学机构的校长或负责人必须为中国国籍且在国内有居所等。参见《中外合作办学条例》第5条、第6条、第7条、第25条。

③ 安雨帆：《中外合作办学中的教育主权隐性流失》，载《湖南第一师范学院学报》2017年6月。

国“入世”后为进一步扩大教育对外开放过程中出现的教育主权流失与其的关联性,并推导出在教育对外合作“引进来”领域国内教育法律法规与国际服务贸易规则不相适应之处,解构其产生的原因和可能引起的后果。

(一)为维护教育主权对办学机构模糊定性

对于不具有法人资格的合作办学机构的法律性质,我国法律法规并没有给出明确的定义,只是认定其为不具有法人资格的合作办学组织。之所以不明确的认定其法律性质,一方面是为加入世贸组织后履行承诺,对具有法人资格合作办学组织以外的合作办学组织给予一定的合法性存在基础,方便引进国外先进的教育资源和雄厚的资金,给占合作办学份额最多的一种组织形式以适格的地位,同时也为配合 GATS 下对教育服务贸易内容的定义,使中国的教育市场与国际教育市场对接。另一方面,则是通过限制外国合作办学者的相关权利,保持教育主权的独立性。不明确规范非法人合作办学机构的性质,让外国投资者的权利根据我国的法律适当给予,这样既履行了入世的相关承诺,也有助于将合作办学机构的决策权更多掌握在中方手中。此外,我国对教育服务领域的开放在“入世”时尚未发展成一定规模,具体的发展方向尚待确定,对教育的总体布局还未来得及一一落实,对外国投资者开放权限有所保留也是为了给我国教育事业今后的发展留有余地,以免教育主权的流失、教育资源和市场被瓜分。

(二)相关立法的缺失与现实发展不相适应

首先,我国没有一部专门的立法去规范中外合作办学,尤其在教育“引进来”相关问题上,这是法律层面的缺失。其次,《条例》虽然在 2013 年经过修订,但现已不能有效解决非法人合作办学机构法律地位不明、不具有法人资格合作办学机构运行中可能引起的不利后果、教育主权流失等现实问题。由此引发的外方投资者希望在华利益得到有力的保障并进一步争取更多的合法权益与我国教育主权过度保护,缓缓开放教育市场的矛盾已难以协调。且《条例》及《实施办法》层次较低的缺陷也使得其不能长期胜任中外合作办学指导规范的地位。最后,各地对外合作办学法规以及高校的有关规定虽然一定程度上适应了本地对外合作办学“引进来”的要求,但混乱的规范也可能放缓教育对外开放的步伐,阻碍对外合作办学总体战略的实施。

(三)国内的相关规定与国际贸易承诺不符

虽然中国在“入世”后根据签署的GATS项下教育服务贸易市场开放承诺正不断地修改和完善法律法规,给予合作办学外方更多权利,但出于对保护教育主权的考虑,在对外合作中又无法给予外方太多的自主权。

就中国“入世”议定书对于高等教育服务(CPC923)的承诺而言,从表1中可以看出,我国对于外国教育服务提供者以跨境提供、自然人流动的方式进入中国市场是不允许的。对于以商业存在形式进行的合作办学,虽然允许外方开展且可获得更多的所有权,但并没有承诺给予外方国民待遇,具体承诺体现出内外有别。而对于自然人流动,则与中国教育工作者一视同仁,允许符合条件的外国自然人到中国进行教学工作。

《条例》对教育事业定性为非营利性的行为,而GATS中却将教育作为一项服务贸易,不排斥有营利性特征。外国合作办学者基于营利目的,必然会对合作办学机构的招生管理、学费收取、衍生知识产权使用等方面争取更多决定权,然而《条例》中的规定,中外合作办学机构设立的决策机构组成人员中必须有一半以上的中方人员,当作出重大决定时必须三分之二以上多数通过;对于中外合作办学机构的校长或主要负责人必须具有中国国籍,且在国内定居;在教学过程中需以中国语言文字作为基础教学手段,这些出于保护教育主权的规定使中方占据主动地位,因而在合作机构中拥有较强的决定权。一方面中外双方可能会因基于决定权的所属问题而影响合作的效果;但另一方面,实际上如前所述,我国在教育服务市场准入的限制条件当中并未禁止《条例》规定的内容,国外投资者对自身权益的要求不断迫使中国履行“入世”承诺,进一步开放教育服务市场。

可以说,教育主权保护与对外合作办学权利让渡的矛盾就是我国现有对外合作办学法律法规与GATS下教育服务贸易规则不相适应的问题。① 而且问题随着中外合作办学的不断深入日渐尖锐,矛盾究竟该如何协调,是中国多边贸易体制下不断深化合作亟须解决的问题。

---

① Goodman, D. (2016, May 16), Transnational Higher Education in China: Paradoxes and Possibilities, Paper Presentation at the City University of Hong Kong, Hong Kong.

表 1 中国教育服务市场准入承诺表①

教育服务	市场准入限制*	国民待遇限制
高等教育服务(CPC923)	(1)不作承诺; (2)没有限制; (3)将允许中外合作办学,外方可获得多数所有权; (4)除水平承诺中内容和下列内容外,不作承诺:外国个人教育服务提供者受中国学校和其他教育机构邀请或雇佣,可入境提供教育服务。	(1)不作承诺; (2)没有限制; (3)不作承诺; (4)资格如下:具有学士或以上学位;且具有相应的专业职称或证书,具有 2 年专业工作经验。

* 提供方式:(1)跨境提供;(2)境外消费;(3)商业存在;(4)自然人流动。

四、我国高校对外合作办学相关问题的解决途径

不具有法人资格合作办学机构的法律地位不明为其不能有效地发挥教育职能蒙上阴影,受制于上级高校的管辖,没有财产自主权,缺乏对外承担责任的能力导致其办学权能不健全。教育主权流失的现实紧迫性和保护不力与我国"入世"承诺下教育市场进一步开放之间矛盾的尖锐性,使得中外合作办学的发展始终处于滞缓状态。如何认定不具有法人资格合作办学机构的法律性质,如何协调教育主权流失与进一步开放高等教育服务市场,是我国高校对外合作办学"引进来"过程中亟须解决的问题。

(一)赋予不具有法人资格合作办学机构"非法人组织"地位

根据《民法总则》对"非法人组织"的定义为"不具有法人资格,但是能够依法以自己的名义从事民事活动的组织",②具体包括个人独资企业、合伙企业、不具有法人资格的专业服务机构等。而《最高人民法院关于适用〈中华人民共和国民事诉讼法〉若干问题的意见》对非法人组织定义为"合法成立、有一定的

① Report of the Working Party on the Accession of China, Part II-Schedule of Specific Commitments on Services and List of Article II MFN Exemptions, WT/ACC/CHN/49/Add.2, 1 October 2001, p.28.

② 《民法总则》第 102 条。

组织机构和财产，但又不具备法人资格的组织"，并进行了穷尽式的列举，除《民法总则》列举的三类外还包括中外合作经营企业、领取营业执照的法人分支机构等。在现实生活中，我国已存有大量不具有法人资格且以自己名义从事各种民事活动之组织，①而不具有法人资格的合作办学组织大多数都是如此行事的，因此必须给予其合适的法律地位，方便其开展民事活动。

给予不具有法人资格的合作办学组织以"非法人组织"地位是否可行，还需从两者的细节处对比分析。首先，从组织设立、变更、终止的角度来看，非法人组织一般是登记设立，申请变更以及法定或意定终止。有一些特殊的非法人组织则需要经过有关机关的批准才能设立、变更和终止。不具有法人资格的中外合作办学机构的设立、变更和登记采取批准制度，按本科和专科办学层次的不同分别由教育部和省级行政机关审批。由此可见，完全可以将不具有法人资格的合作办学机构视为特殊的非法人组织。其次，从组织与管理方面看，非法人组织可以由一人或多人来代表该组织进行民事活动，而不具有法人资格的合作办学机构则实行联合管理委员会下的校长负责制。从两者组织和管理的比较可以看出，非法人组织是可以以自己的名义从事民事活动的，不具有法人资格的合作办学机构能否以自己的名义进行民事活动相关法律法规尚无定论，但现实中的大多数合作办学机构都是以自己的名义对外行为的。最后，从责任承担的角度看，非法人组织可以独立地承担责任，且承担的为无限连带责任，由非法人组织与出资人负担；不具有法人资格的合作办学机构不得直接对外承担责任，至少不得作为适格的诉讼主体参与其中。总之，非法人组织的各项规定与不具有法人资格的合作办学机构有诸多的相似性，但两者仍然存在一些截然不同的方面，非法人组织下包含的组织形式较多，需要通过与具体非法人组织的比较才能分析出如何定义不具有法人资格的合作办学组织最为稳妥。

非法人组织中与不具有法人资格的合作办学机构最为相近的当为合伙企业。以合伙企业类比于不具有法人资格的合作办学组织，两者都是以合伙协议或合作办学协议作为其设立的前提，体现了设立的意定性；合伙企业对普通合伙人的身份有一定的限制，而合作办学中则要求中方投资者具有法人资格；合作或合伙双方均需投入一定的财产。

从管理的角度来看，合伙企业没有专门的决策机构以及全体合伙人共同决策、执行合伙企业事务的情况是由其人合性决定的。不具有法人资格合作

---

① 郭明瑞：《民法总则中非法人组织的制度设计》，载《法学家》2016 年第 5 期。

办学机构的联合管理委员会也具有人合性,是中外办学者合意决策的所在。况且两者可以章程的约定进行内部管理、决策等,确保了管理、决策的公正。从责任承担的角度来看,合伙企业可以自己的名义对外承担责任,但合伙人还是要承担无限连带责任;而不具有法人资格的合作办学机构虽然不能对外承担责任,但也不承担连带责任,使得最终责任的分担还是要落在中方合作办学者头上。

因此,不具有法人资格合作办学机构与合伙企业有诸多相似之处,若以合伙企业的法律性质对待之,授予对外承担责任的资格,以其资产以及合作办学者的资产对外清偿,不仅可以解决合作办学机构依附性强、自主性差的缺陷,也可以发挥其合作办学的优势,健全办学权能。事实上,以合伙形式进行合作办学已有先例,如清华大学—华盛顿大学全球创新学院,[①]这从一定意义上证明,可以有条件地赋予不具有法人资格合作办学机构"非法人组织"地位。

(二)通过建立中外合作办学法律监督机制加强教育主权维护

在赋予不具有法人资格中外合作办学机构"非法人组织"法律地位的基础上,有效地解决教育主权被规避和隐性流失的问题是发挥赋予其适格法律地位效用的集中体现。加强教育主权保护的法律途径必然要落在法律法规的制定和完善上。合作办学监督机制虽然在我国相关法律法规中有所涉及,但准入类规制的事前监督机制不能有效地防止合作办学机构在运行过程中产生的教育主权流失问题,并且其本身尚有不健全之处。因此,建立事中以及事后的中外合作办学法律监督机制势在必行。

等同于"非法人组织"的中外合作办学机构应当在深化合作办学监督过程中进一步完善准入类规范。对外方进入中国进行合作办学的资质审查不能只停留于外方提交的材料,而要根据外方合作办学主体的合作目的、真实资质、教育质量与水平等进行实质性审查。[②] 将可能不利于合作办学发展以及干预我国教育主权的外国投资者在初始阶段从源头筛查出来。可想而知,在这一阶段的工作量和专业性要求也会大幅度增加,配备相应的中外合作办学审查人员并对其进行相关的专业培训以及中央地方多部门配合行动应该纳入《条

---

① 谭启平:《中国民法典法人分类和非法人组织的立法构建》,载《现代法学》2017年第39卷。

② 安雨帆:《中外合作办学中的教育主权隐性流失》,载《湖南第一师范学院学报》2017年第17卷第3期。

例》及《实施办法》等相关规范当中。由于中外合作办学机构设立之基础是中外投资者协商的合作办学协议，且该协议对合作办学机构今后的发展走向、争议解决起到举足轻重的作用，因此有必要建立合作协议合法性以有效性审查机制，防止无限度的意思自治，避免双方不真实不自由的意思表示，营造较好的在坚持中国教育方针政策下发挥外国优质教育资源作用的中外合作办学环境与氛围。

中外合作办学质量监管中"重文件审批、轻后续管理"的问题由来已久，①因此，在立法中加强对合作办学机构的后续管理尤为重要。首先，必须明确在国务院教育部门领导下，统筹中央和地方各级各类行政教育部门、财政部门等部门，做好对高校合作办学机构的后续管理。从以往的经验来看，完全由教育部负责审查合作办学项目，往往力有不逮，后期被取消办学资格的合作办学机构也比比皆是。因此，在相关法律法规中明确各行政部门的职责，使其通力配合，充分调动其事中及事后监督的作用，对合作办学机构进行定期和不定期的检查和评估，防止教育主权流失。其次，还需要除行政部门以外的教育组织、社会团体以及广大学生参与到对合作办学机构的后续监督中来，以法律的形式强调合作办学的内部监管和外部监管机制，为保障学生利益建设学生的投诉举报机制，以法律的形式建立以社会评价为标准的合作办学评价制度。②

在相关法律法规中，通过深化合作办学监督加强我国教育主权的维护还需要做到以下两点：一是树立正确的教育主权观。教育主权保护和教育对外开放是共存发展的关系，坚持跨国高等教育主权中的实质和核心主权，出让或让渡属于一般国家教育权力范畴中的一般权力，目的是参与国际性的交往实践，实现对国家利益本位的更高层次的"回归"，③因此需树立以发展为导向的教育主权观。二是任何的监督机制必须在认真领悟 GATS 和中国"入世"高等教育服务贸易承诺的基础上建立，且与我国的对外合作办学主权保护有机结合起来，不仅要完整的履行有关高等教育服务贸易的相关承诺，也要效仿加拿大等国家采取限制外国文化在本国传播的具体措施，最大限度地保证教育

① 陈丽萍、朱玉成：《中外合作办学省级政府教育统筹的问题归因与对策研究——国家教育体制改革试点调研报告》，载《中国高教研究》2015 年第 10 期。

② 武林：《高校对外合作办学法律问题探究》，广西师范大学出版社 2015 年版，第 24～27 页。

③ 龚微、孟昭武：《论民族地区高校中外合作办学的教育主权问题》，载《当代教育论坛(校长教育研究)》2008 年第 1 期。

政策制定、高校发展规划、教学研究目的、先进文化方向等教育权利掌握在中国高校手中,不受外国投资者的支配和干预。同时要大力弘扬中国优秀的传统文化,于中外合作办学中要体现中国特色社会主义文化。

(三)坚持合作办学原则的基础上不断完善对外办学法律法规

在维护我国教育主权的基础上,为了使外国投资者在华利益得到最大的保证,使合作办学发挥其应有的效果,需要在坚持中外合作办学原则的基础上,完善对外办学法律法规,尤其需要对《条例》和《实施办法》相关规定进行修改,加紧合作办学法律规范的制定工作。

首先,针对外国投资者利益保障的问题,应当结合我国"入世"承诺进一步修订。针对名义上允许外国投资者持有绝对多数的股份,但实际上限制其参与合作办学过程中的决策以维护教育主权之行为的规定必须进行更新。应当取消针对合作办学机构中联合管理委员会外方人员的限制性规定,保证外方拥有与其投入规模相当的决策能力,使其先进的办学理念、管理经验和能动性得到最大限度的利用。只要所作决策不与法律法规和国家教育方针违背,完全可以给予其较大的合作办学自主权,使联合管理委员会成为不具有法人资格合作办学机构实际的权力机关,不仅兼顾了中外合作办学者的利益,也能保证机构合理决策,有序发展。

其次,不具有法人资格的合作办学机构财产所有权的缺失致使其独立性和行动能力受限的问题,可以通过赋予其"非法人组织"法律地位的方式解决。虽然不具有法人资格的合作办学机构对中外合作办学者投入的资金是否归于合作办学机构没有定论,但由于该投入一般都由合作办学机构使用,具有一定的专用性,因此完全可以参照我国有关合伙企业的规定,将其归属于不具有法人资格的合作办学单位,并建立相应的财务和会计制度。如此一来,就可以解决不具有法人资格的合作办学机构对财产使用权能的缺失问题,强化其办学的自主性与主动性。

再次,只有解决了合作办学机构财产所有权的问题,才能为教育服务贸易营利的本质与教育事业单位非营利的性质之间找到平衡点。GATS 项下,教育作为一项服务贸易其盈利的特性显而易见,但我国法律中突出了教育机构的非营利性,这就要求我们在承诺中需秉持合作与互利的原则。在平等对待合作外国投资者,给予其国民待遇的同时将教育市场被侵占、文化霸权主义入侵、教育主权流失的风险降到最小,在承担开放义务的同时享受开放的红利。

最后,合作办学这不必过分强调使用本国的教育手段,完全可以按照外方

的教育模式和方法对学生培养进行试点，如果效果较好，完全可以适用甚至是推广。尤其是针对《条例》中使用汉语言文字进行教学的规定，其前提也并不是不允许使用汉语言文字之外的语言文字进行教学，只要有益于人才的培养和合作办学的建设，完全可以采纳。

结　语

不具有法人资格合作办学机构法律地位不明及其运行中可能引起的不利后果以及教育主权流失等中外合作办学“引进来”过程中产生的问题，已经严重影响到我国教育对外开放的行进。在分析清楚其产生是由于模糊定性为了保护和控制合作办学机构，过度维护教育的主权；我国有关高校对外合作办学相关法律法规的缺失以及与现实情况的不相适应；国内教育法律法规与国际服务贸易规则不相适应后，特提出给予不具有法人资格合作办学机构“非法人组织”地位；教育主权保护，强化合作办学监督；坚持对外合作办学原则，完善对外办学法律法规三个解决办法，以期从根本上维护我国教育主权。通过完整履行教育服务贸易承诺，有效保护外国投资者利益，使我国中外合作办学法律法规与国际服务贸易规则无缝衔接，不断扩大教育对外开放规模，使中外合作办学“引进来”可以发挥其应有的作用，为我国加快教育现代化，实现高等教育内涵式发展有所助力。

中外人文交流及全球教育治理规则研究*

杨丽艳**

摘　要:中外人文交流是中国参与全球化的一部分,它需要一套包含规则机制的教育治理的支持,其中机构和具体的规则主要是国际层面的联合国教科文组织、国家和民间组织;具体规则在国际层面则是国际组织及其国际条约。中国在积极推进中外人文交流时候,必须深入研究这些国际组织和条约,用国际社会的语系、用优秀的国内优秀人才及其人文成果,以及善治的国内教育治理机制来推出"中国方案",参与到这一重要的全球教育治理当中去。

关键词:中外人文交流;全球教育治理;规则

全球化在"二战"后得到了长足的发展,其中主要体现在经济的全球化。实际上,在全球化过程中人文交流也是其中一部分,因为它与经济全球化一起,让各国人民互相了解和理解,互为朋友、互结善缘、互为文明借鉴,是可以给人类带来和平和福祉的重要方式。基于此,中共中央办公厅、国务院办公厅2017年12月印发了《关于加强和改进中外人文交流工作的若干意见》。这是我国首次针对中外人文交流工作制定专门文件,为未来中外人文交流确立了新方向。那么,什么为人文交流?中外人文交流的主要内容是什么?有什么相关的规则?它与教育及其治理规则的关系又是什么?基于这一系列的问题,本文将做一个剖析性的研究。

---

* 本文是2019年度国际化人文特色智库项目"中文人文交流及全球教育治理规则研究"(2019XZGJHZK-12)的研究成果。

** 杨丽艳,西南政法大学国际法学院教授,中国—东盟法律研究中心研究员。

一、中外人文交流的长久发展与教育治理规则

(一)中外人文交流需要长久发展

1.人文交流的含义

“人文”在中国古代文献里被提出来过,《周易》的《贲卦·彖传》的彖辞上讲:“刚柔交错,天文也;文明以止,人文也。观乎天文以察时变,观乎人文以化成天下。”基本意思是:观察天道运行规律,以认知时节的变化。注重人事伦理道德,用教化推广于天下。西方也有人文之说,并且形成为了人文主义,它起自于14—17世纪文艺复兴时期,其被定义为以观察、分析和批判来探讨人类情感、道德和理智的学科和知识的总称。

当然,也有人认为,“人文”一词在中国历史悠久,最早见于古籍《易经》:“观乎天文,以察时变;观乎人文,以化成天下。”这里的“人文”,就是人类创造的文化,它是人类实践能力、方式及成果的总称。它既体现在物质方面,也体现在制度和精神方面。广义的人文就是人类自己创造出来的文化,是指人类社会的各种文化现象。在西方社会,“人文”则被定义为关于人的各种问题的理解、解决方法,包括人性、人的价值、人的异化、人的解放等,强调人是目的,不是工具,坚持“以人为本”。①

中西方对“人文”意思的解读和背景区别较大,但是以交流为促进手段则为二者架起了互为融通、互为借鉴的桥梁。

近年来,促进中外人文交流成为我国鼓励的外交新实践。在中国成长为世界大国的进程中,外交从政治、经贸“两轮驱动”进一步发展为政治、经贸、人文三足鼎立。无论是推动大国关系、加强周边外交和发展中国家外交,还是推动“一带一路”建设、人类命运共同体构建,人文交流的作用都愈加凸显,也愈加迫切。②

2.当今中国人文交流的内容

我国在近年来极其鼓励中外人文交流,那么交流的主要内容是什么呢?有人做了如下总结:一是让世界知道“传统的中国”。这是当前人文交流中主

---

① 周培源、朱瑞娟:《中外人文交流机制的“人本化”传播模式探索》,载《国际传播》2017年第4期。

② 张骥:《何以交流:中外人文交流的三大源流》,载《世界知识》2017年第23期。

要和普遍采用的内容。传统文化似乎已经成为中国的首要国家镜像。人文交流总是离不开四大件:孔子、书法、京剧加熊猫,其中前三大件是传统文化。这些人文元素在一定程度上确实能展现中国传统文化的经典,但并不是中国传统文化的全部,也不能全面反映传统文化的精髓。

二是让世人知道"追求现代化的中国的历史和现状"。实现现代化是当代各国人民共同的理想。中国在追求现代化的历史进程中,实现了民族独立、改革开放和国家强盛的伟大转变,不仅为发展中国家走向现代化开辟了新途径,也同样创造了发展进步的文化成果。这些中国智慧、中国经验、中国当代文化应该成为中外人文交流的重要内容,也是世界非常渴望和中国交流的内容。更为缺乏的,是当代人文成果。"追求现代化的中国"也应该是继续对外开放、继续向外部世界学习的中国。越是国家强大起来的时刻,越是需要继续吸收借鉴人类一切优秀文明成果的时刻。中外人文交流,应该成为中国与世界相互学习的桥梁,而不是单向的输出和传播。

三是"社会主义的中国"。社会主义是当代中国的本质属性,社会主义先进文化和革命文化是当代中国文化的重要源流,也是当代中国的国家镜像之一。当代中国的治理理念、治理经验、外交理念、外交实践和文化构成中都有丰富的社会主义内涵。人民为中心的发展理念,消除贫困、反对腐败的巨大成就,人类命运共同体、新型国际关系理念,新义利观、亲诚惠容等外交新理念,对"南南合作"的重新强调等都富含着社会主义的特征,这些也都应该成为人文交流的重要内容。随着中国的发展进步,中国与世界关系的变化,中国自身以及世界对于社会主义文化也有着一个重新认识的过程。同样,中国在完善自己的体制也需要借鉴科学合理的国外的制度。①

3.中外人文交流长久发展的必要性

如上所述,中外人文交流是全球化一部分,对于各国人们的相互理解是有益处的。具体而言,具有如下重要意义:一是人文交流是增进中外民众互信理解的重要途径;二是促进中外文明交流互鉴的重要渠道;三是可以提升大国间关系温度、韧度、深度和广度的重要基础,尤其是在目前复杂的国际经济贸易形势下;四是人文交流是中国对外开放的重要组成部分,并协同政治互信、经贸合作支撑起中国的特色大国外交,可以构筑中外深度融合的互利合作新格局;五是更多地伴随着中国参与全球治理、促进中国的"一带一路"倡议以及推动全球经济贸易多边化进程;六是在角逐"安全高地""经济高地"的同时,在

① 张骥:《何以交流:中外人文交流的三大源流》,载《世界知识》2017年第23期。

“人文高地”也要未雨绸缪地占据高地;七是可以拓展海外人文影响力,使人文交流成为国家软实力越来越强大的重要支柱。

(二)中外人文交流的长久发展需要教育及其治理规则的支持

1.中外人文交流的长久发展需要教育行业的支持

教育行业对于中外人文交流起着重要的桥梁和平台作用,具体而言,中国教育在促进中外人文交流、沟通民心、培养人才、创新未来、推动国际交流与合作方面,可以发挥越来越大的积极作用。据统计,2017 年,我国出国留学人数首次突破 60 万大关,达 60.84 万人;来华留学人员突破 48 万,生源地国家和地区总数 204 个,我国已成为亚洲最大留学目的国。中外合作办学机构和项目超过 2600 个。海外办学迈出实质性步伐,已举办 100 多个本科以上境外办学机构和项目。与 188 个国家和地区建立教育合作交流关系,与 46 个重要国际组织开展教育交流,与 47 个国家和地区签署学历学位互认协议。中国成功加入《亚太地区承认高等教育资历公约》,积极参与全球教育治理,中国教育的话语权不断扩大。①

2.中外人文交流的长久发展需要教育治理规则的支持

成功的教育需要善意、公正的教育治理的支持。教育治理不是一整套教育规则,也不是一种单一的教育活动,而是一个教育行动过程;教育治理过程的基础不是控制,而是多元主体的互相协调;教育治理既涉及公共部门,也包括私营部门;教育治理不是一种正式的教育制度,而是持续的互动。教育治理需要含有教育效能、教育自由、教育公平、教育效率、教育秩序等价值目标,因为具有这些价值目标的教育治理可以在中外人文交流提供一个机制上的保障,观念上的国际认同和接受。值得指出的是,含有上述价值观的教育治理如果要具有操作性的话,必须要配备有一套相应规则的机制才可以落实。因此,研究全球教育治理规则是非常必要的。

二、全球教育治理规则及其发展

(一)全球教育治理规则由机构、具体规则构成

教育治理规则构成与法律相关。而全球教育治理规则的构成应该包括全

① 莫虎:《教育促进人文交流》,载《神州学人》2018 年第 5 期。

球教育治理的机构和起规制作用的规则。从广义来说,全球教育治理的机构应该具有多元混合制的形态,可以分为国际层面和国内层面。国际层面可以包括联合国机构、国际金融机构、八国集团、二十国集团、非政府组织等,以及国内层面则是可以包括政府公共部门、私人部门等非政府组织以及学校主体本身。就全球教育治理的参与组织而言,主要有联合国教科文组织、主权国家、公民社会组织等。其中在全球层面的机构起有重要作用的机构是联合国教科文组织。

从全球范围来说,机构主要是指联合国教科文组织。在全球化大背景下,各国政府在教育战略利益的本质以及政府在本国可控的教育系统中满足教育需求的能力都发生了变化。各国教育政策的制定语境逐渐从本国扩展到全球,教育发展逐渐融合到全球治理的多维框架。联合国机构、国际金融机构、八国集团、二十国集团等多边机构开始将教育纳入其政策议事日程之中。①

就全球教育治理而言,教育是基本的治理内容,而国际组织、民族国家和公民社会组织(包括非政府国际组织)则是这一治理结构中最重要的三个组成部分。在这一教育治理结构中,联合国的专门机构教科文组织无疑是最重要的机构,因为它在国际教育领域处于"牵头机构",位于"枢纽地位"。更重要的是,联合国教科文组织被看作是联合国的"智力"机构。目前世界正在寻找建设和平和可持续发展的新方法,人们必须依赖智力与创新的力量,扩展视野、支撑起对新的人文主义的希望。联合国教科文组织将这一创造性才智带入生活,因为正是在人的思想中必须建立起保卫和平的屏障和可持续发展的条件。②

从它的法律地位来说,联合国专门机构同联合国不是隶属关系,它们是根据各国政府间的协定而设立,并以特别协定与联合国发生关系的专门性国际组织。它们是政府间国际组织,各有自己的成员、立法和执行机构、秘书处和预算,其会员国和联合国的会员国不完全相同。它们始终保有其独立地位。它拥有独立的法律人格,可以单独制定具有法律效力的文件。同时还可以根据自己的宗旨和原则确立具体的固定的机构:如它的领导机构有大会和执行局。日常的机构有总干事和秘书处。除此之外,它还设立有一些附属的具有研究性、专业性的机构,如:(1)国际教育局。设在瑞士日内瓦。任务是协助筹

---

① 杜越:《联合国教科文组织与全球教育治理》,载《全球教育展望》2011 年第 40 期。

② 《联合国教科文组织简介》,https://zh.unesco.org/about-us/introducing-unesco,最后访问日期:2018 年 8 月 13 日。

备和组织两年一次的国际公共教育会议，出版国际教育年鉴和比较教育研究丛书，建立国际教育情报交流网等。(2)国际教育规划研究所。设在法国巴黎。主要活动是组织教育计划和教育行政管理方面的人员培训，开展有关教育计划、教育改革评价方法、教育与劳动就业关系的合作研究。(3)联合国教科文组织教育研究所。设在德国汉堡。主要研究终身教育理论及其在教育制度、教育内容、师资培训等方面实施的问题。(4)欧洲高等教育中心。设在罗马尼亚布加勒斯特。主要任务是组织欧洲地区会员国在高等教育领域的合作和交流。历年来联合国教科文组织开展了国际教育年、国际儿童年等活动，并实施了第三个联合国教科文组织的"中期规划"和"国际合作与和平教育联系学校计划"，在自然科学、教育活动、人文社会科学、文化领域等方面，皆有各类的组织活动。

当然，联合国教科文组织必须还要与其他国际机构、国家实体以及公民社会组织一起，来为教育治理提供组织平台、规则商讨、建立、活动展开等一系列的活动，从而确保知识、标准、智力合作的进步，以促进保障正义、自由和人类宽容等世界性价值标准得到巩固。

(二)有关国际教育治理的具体规则

有关教育治理的具体规则，有人做了一些分类，就基本形式而论，可分为：(1)"显性规则"与"隐性规则"。"显性规则"主要是指以正式文件形式出现的教育法规和行为准则，包括在多边性国际组织框架下通过的宪章与组织法(charters and constitutions)、国际公约(international conventions)、宣言(declarations)、公报(communiqués)、协定(agreements)、决议(resolutions)、建议(recommendations)、立场文件(position papers)、谅解备忘录(memorandum of understanding)以及各种会议文件等。"隐性规则"是指那些体现在国际组织出版的专家报告、项目活动中，以及全球教育实践所反映出来的某些已经得到国际社会广泛认可的理念和精神，比如：教育平等的精神；维护世界和平、促进国际理解的理念；经济合作与发展组织(简称 OECD)开发的国际学生评估项目(PISA)的指标和统计的理念和方法等。(2)就基本规范意义而言，可分为"约束性规则"与"倡导性规则"。"约束性规则"是指对各国具有法律效力和强制性约束力的国际教育条约，主要体现为各类国际教育公约。它们是各国在政府间国际组织的推动下，基于自愿和协商一致原则，就重要和关键的教育问题所达成的共识，需得到 2/3 以上成员国的通过。"倡导性规则"指国际社会为了推动世界教育发展而提出的教育理念和准则、开展的教育项目和活动，常常

以宣言、建议、立场文件或其他各种会议决议和文件体现出来,对成员国不具有法律效力和强制约束力,主要起一种引导的作用。①

在国际社会里,教育是作为一项基本的人权被列出来的。"教育作为一项基本的人权"(education as a human rights)指教育为人权所涵盖,包括受教育权和平等的教育机会,无论种族、信仰、阶级、性别等,受教育的机会一律平等。这些都被写进了著名的国际人权的法律文件里,如《世界人权宣言》、《公民权利和政治权利国际公约》和《经济、社会和文化权利国际公约》。它们共同构成了"国际人权宪章",为"教育作为一项基本人权"提供了国际法依据。另外《儿童权利公约》《残疾人权利公约》《消除对妇女一切形式歧视公约》保障了儿童、妇女、残疾人等特殊群体的受教育权利;联合国教科文组织通过的《取缔教育歧视公约》奠定了所有人平等地享有受教育权的法律保障。这些国际人权公约奠定了"受教育权利"的核心原则:人人享有受教育的权利;保障儿童受教育的权利;保障残疾人受教育的权利;反对教育歧视,人人享有平等地受教育权;尊重少数群体权利;保障自由选择的权利。当然,受教育权利是被列在上述的"显性规则"中或者宪章与组织法(charters and constitutions)或者"约束性规则"里。

(三)当今全球教育治理规则的发展

当今全球教育治理规则的发展主要表现在国际社会普遍认可的教育理念、国际通行的教育统计与评价指标等几方面。

1.国际社会普遍认可的教育理念

国际社会普遍认可的教育理念主要体现在教育是一项基本的人权。发展到当今,则是具体体现在主要全民教育、全纳教育和终身教育。"全民教育"和"全纳教育"理念的提出使得"教育作为一项基本的人权"在教育领域得以生根发芽,"人人平等地享有受教育的权利"得以真正落实;而"终身教育"理念的提出以及由它所衍生出来的"终身学习"和"学习化社会"则改写了人类教育发展的方向。这些具体的机制使得教育不再是一个特权,也不再受制于时间、地点和年龄。另外,还有"可持续发展教育"关注人与人、人与环境的关系,希望通过教育来维护世界和平与稳定,增进全人类的福祉,而这一切使命都要在不超

---

① 王晓辉、谷小燕、翁绮睿:《国际教育规则与全球教育治理》,载《中国人民大学教育学刊》2012年第1期。

出地球自然环境承受能力的前提下完成。[①]

2.国际通行的教育统计与评价指标

这在国际教育治理中是必要的评价手段。如UNESCO制定的国际教育标准分类法(International Standard Classification of Education)就是最基本的工具之一。2011年11月10日,UNESCO又通过了最新修订的《国际教育标准分类法》2011年版,这个最新版本的框架在2014年付诸使用。另外,国际组织使用教育指标体系来监测各国教育进展,总结促进教育公平和提高教育质量的良好经验,引导和辅助教育决策,启发和鼓励教育改革,并监督其成效。如OECD《教育概览》中的教育指标体系。近20年来,《教育概览》的教育指标体系不断调整,直到2003年才确定了四大类指标:教育机构的产出与学习的作用;教育的财政与人力资源投入;获得教育的途径、参与和进展;学习环境与学校的组织。目前,该指标体系早已不再是针对教育领域的成本—收益分析,而是更多地关注教育的社会价值、个人与家庭的教育选择等问题,体现了OECD组织的教育评价价值取向的转变。其次是UNESCO统计研究所(UIS)的教育统计指标体系。UIS是国际教育统计的监管机构,它的核心任务是协助成员国收集、分析和发布具有国际可比性的教育指标,以作为制定政策的依据,并监测政策实施的效果。[②]

国际教育规则引领全球教育治理,我们当下力促中外人文交流的时候更是如此。因为当今世界的任何一个空间都受到联合国、国际货币基金组织、世界银行等全球性或跨国组织的影响,在应对全球共同面临的问题和挑战时,单一的主权国家显得势单力薄。因此,政府主导和公民社会参与的全球共同治理已成定势,主权国家越来越成为世界多层治理系统的一部分。国家个体以法治方式推进国内治理,又要通过国际合作推动国际法治以实现国际治理。因此,全球治理需要依托国家个体运用法治方式和促进法治互动来实现。[③]

---

① 王晓辉、谷小燕、翁绮睿:《国际教育规则与全球教育治理》,载《中国人民大学教育学刊》2012年第1期。

② 王晓辉、谷小燕、翁绮睿:《国际教育规则与全球教育治理》,载《中国人民大学教育学刊》2012年第1期。

③ 赵骏:《全球治理视野下的国际法治与国内法治》,载《中国社会科学》2014年第10期。

三、以《关于加强和改进中外人文交流工作的若干意见》作为指导积极参与全球教育治理规则

(一)参与国际组织建设以及全球教育治理规则制定

2017 年 12 月 21 日中共中央办公厅、国务院办公厅印发《关于加强和改进中外人文交流工作的若干意见》,其中指出,要着力推动中外人文交流渠道更加畅通,平台更加多元,形式内容更加丰富;要创新高级别人文交流机制,充分发挥元首外交和首脑外交的引领作用,充分发挥高级别人文交流机制的示范带动作用;要丰富和拓展人文交流的内涵和领域,打造人文交流国际知名品牌;要健全全社会广泛参与的体制机制,充分调动积极性,进一步挖掘各方在中外人文交流中的潜力和资源;要加强中外人文交流综合传播能力建设,推动中外广播影视、出版机构、新闻媒体开展联合制作、联合采访、合作出版,促进中外影视节目互播交流,实施图书、影视、文艺演出等领域的专项交流项目和计划,丰富人文交流的文学艺术内容和载体;加强中外人文交流,以我为主、兼收并蓄。2018 年 2 月 6 日召开的中外人文交流工作座谈会也传递出一种精神:要加强品牌建设,丰富内容形式,创新方式方法,讲好中国故事,扩大覆盖面,增强民众特别是青少年参与度,以深耕厚植让友谊之树枝繁叶茂。要将人文交流理念贯穿对外交往各领域,实现学界、文化界、商界、媒体、智库等各行各界参与,加强与世界各国的互容、互鉴、互通,为构建人类命运共同体、共创人类社会美好未来注入更多正能量、暖力量。这个文件的出台为中外人文交流指明了一个方向。其中,教育、留学、合作办学、高校、科研机构等词汇被多次提及。值得指出的是要注重具体实施,即具体实施是必须要有一套机制来加以保障:这一机制则主要是全球教育治理规则,因为这是一套全球范围内各国互相明白的语系,是一套大家都互为遵守的规则,是一套许多国家成为成员国的国际组织所制定的都为成员国所承诺的条约的规则。

因此我国应该积极参与国际组织建设以及全球教育治理规则制定。具体而言就是:一是要对于与教育治理相关的国际组织进行从国际组织法、国际规则角度的深入研究,在知己知彼的情况下才能提出"中国方案";二是要对于国际教育治理进行深入的科学研究,要有与全球共同的全球教育治理的语境和语系,这样的"中国方案"才有可能被接受;三是要培养一批队伍能够参与到全球教育治理的国际组织中去,这些人才必须是复合型知识结构的,懂外语、教

育以及国际法规则，这样才能有效地传递出“中国方案”；四是充分发挥各类国际组织、平台的作用：如依据教科文组织的职能宗旨，积极参加它的各种活动，借此平台来进行中外人文交流，同时还要借助国家的力量来鼓励促进中外人文交流，以及民间的力量（鼓励各种人文研究成果、鼓励各种有利于人文交流的民间活动）。

（二）健全完善国内教育治理规则以及促进中国人文成果繁盛

1.健全完善国内教育治理规则

健全完善国内教育治理规则在我国教育界来说是一个重要的任务。一是要弄清楚我国的教育治理规则的缺陷和不足：包括我国与现代教育治理规则的差距，在保障西部地区和“老少边穷”地区的义务教育方面或许还有很多工作要做；二是给予16～40岁年龄的人以继续教育的机会，真正做到贯彻国际社会普遍认可的教育理念的实施；三是提供一套机制来保障我国教育治理规则的制定和实施，如设立相应的机构，确立一套不间断修改完善的、可以为国际社会列为具有善治（good governence）的、具有榜样性的国内教育治理规则。

2.促进中国人文成果繁盛，为中外人文交流提供源源不断的基础材料

如上所述，我们目前人文交流主要体现在三方面。最为有影响的还是中国传统文化：如孔子学院、书法、戏曲、功夫等。实际上，在中外人文交流中，我国还存在官方色彩浓、喜欢举办耗钱的大型文艺活动、民间交流缺乏、没有很好地将时代精神和成果融入其中，尤其是我国的人文研究成果：如我国的国家社科基金项目中华外译项目，划分范围只是限于对于中国的研究，其实应该扩及所有的研究，好的研究成果应该为世界拥有。基于上述的情况，建立一整套鼓励机制，我国应该积极鼓励包括专业人士的人文交流，应该鼓励将各类优秀人文成果翻译出来，在人文交流中发挥中国智力的作用。同时也要鼓励年轻人和当地人的参与，如我国孔子学院的师资派出，只能用国家汉办派出的师资，可是为什么不可以考虑录用有资质的一些当地人，或许这样的影响面会更广。同时在一些发达国家孔子学院，效果并不好，大学生参与度低，只是一些退休老人或家庭主妇来休闲的去处，这是极大地浪费我国资金的表现。在发展中国家，尽管有大学生的参与，但是涉及面并不大。

因此，针对上述表现，我国对外人文交流，要更多地考虑效果、影响来设计中外人文交流的品种、机制等，如派遣专业教师参与国外大学里的授课、有人文成果的专业教师的授课等，最大范围地发挥人文交流等效果和作用。

结　语

中外人文交流是中国参与全球化的一部分,因此我国2017年12月推出了《关于加强和改进中外人文交流工作的若干意见》作为指导,积极参与全球教育治理规则。我国目前虽然在经济全球化方面已经成果突出,但是在人文交流方面仍还需要努力。这些都要基于我国在目前仍然是薄弱环节方面的突破:如必须深入研究这些国际组织和条约,用国际社会的语系、用优秀的国内优秀人才及其人文成果以及善治的国内教育治理机制来推出"中国方案",参与到全球教育治理当中去。相信若能出台一套有效的保障机制,积极支持优秀人文学者、支持民间的人文交流等,我国的人文交流一定会有长足的进步。

中外合作办学的立法完善思考

张晓君*　白　羽**

摘　要：《中外合作办学条例》实施十五周年来，中外人文交流与教育合作日益深入，发挥了巨大作用，中国正在积极参与并引领着全球治理体系的完善。中外合作办学法律规范历经了"探索发展""规范发展""规范管理""快速发展"四个阶段。近年来，中国人文教育交流在国际上的影响力空前提高，中国在教育领域的全球治理能力也显著增强。中外合作办学法律规范快速发展的同时，也存在着层级效力不高、体系不完善等问题。本文针对中外合作办学法律规范发展过程中显现的"缺乏专门立法""缺乏系统的中外合作办学法律规范体系"等具体问题，提出相应完善建议。指出应当对中外合作办学作出准确定位和定性，科学分配各教育部门职责，将立法细化到中外合作办学各个环节中，完善中外合作办学准入制度，进一步探索多样化办学模式，促进中国教育全球治理能力进一步提升。

关键词：教育；合作办学；法律规范；教育竞争力；国际影响力

从1978年三中全会至今，中国改革开放已走过四十多年，中外经贸往来和人文交流均取得了举世瞩目的伟大成就，已经成为全球经济大国。自《中外合作办学条例》(以下简称《条例》)实施十五周年以来，中外合作办学取得了丰硕的成果，在"一带一路"和"走出去"的时代背景下，因其能够从根本上恒久深化"五通"尤其是"民心相通"的基础工程，中外人文交流与教育合作展现了格外突出的地位和作用。习总书记曾表示："国际社会日益成为一个你中有我、我中有你的命运共同体。面对世界经济的复杂形势和全球性问题，任何国家都不可能独善其身、一枝独秀。"中国应当致力于建设全球治理体系并积极推进其变革，承担起大国的责任。同时，党

* 张晓君，西南政法大学国际法学院教授，博士生导师，中国—东盟法律研究中心秘书长。

** 白羽，西南政法大学法学硕士研究生。

的十九大报告指出:“文化是一个国家、一个民族的灵魂。文化兴国运兴,文化强民族强。没有高度的文化自信,没有文化的繁荣兴盛,就没有中华民族伟大复兴。要坚持中国特色社会主义文化发展道路,激发全民族文化创新创造活力,建设社会主义文化强国。”正所谓“思想乃行动之先导”,中外人文交流与教育合作,有助于从根本上促进各国人民对人类文明、人类秩序的理解、自觉和认同,有助于“命运共同体”的构建。习近平总书记是在深刻洞察人类历史发展的规律和时代发展趋势的前提下,提出关于新型国际关系和人类命运共同体的构想。在国际局势正发生深刻变化的背景下,新型国际关系和人类命运共同体能够促进完善全球治理体系,使其更加公正合理,同时指引人类发展实现持久和平和持续繁荣,也极大地促进了我国自身发展。中国正在积极参与并引领着全球治理体系的完善。

一、中外合作办学法律规范的演变

事实上,早在中国封建社会历史时期,就存在清末洋务学堂等“中体西用”式的中外合作办学的社会实践。新中国成立后主要参考“苏联模式”开展合作办学活动,而现代意义上的“中外合作办学”是从改革开放开始的。经过几十年的发展,无论是办学数量、办学模式还是办学质量,都取得了长足进展,成果喜人。以下对中外合作办学立法演变的四个阶段作出介绍。

第一,探索发展阶段。中外合作办学从改革开放开始,例如,1986 年霍普金斯大学—南京大学中美文化研究中心成立。随后 1993 年《中国教育改革和发展纲要》(以下简称《纲要》)提出战略上要优先发展教育,“教育要扩大开放、改革创新,不断尝试新的办学形式”。[①]《纲要》成为中外合作办学初期的重要政策依据之一,从此相关政策文件或法律文件相继出台,中外合作办学活动愈加频繁,迈上了一个新台阶。此外,同年的《关于境外机构和个人来华合作办学问题的通知》指出,“多种形式的教育对外交流和国际合作是中国改革开放政策的一个重要组成部分”,要取其精华,把对中国有帮助的管理经验、教育内容和资金运用到合作办学中,推动中国教育事业的发展。[②] 但是,此时中外合作办学的发展较为缓慢,发展水平和速度都有待进一步提高。

第二,规范发展阶段。1995 年《中外合作办学暂行规定》给中外合作办学作出了定义:“中外合作办学,是指外国法人组织、个人以及有关国际组织同中国具有法

① 国务院:《中国教育改革和发展纲要》,1993 年 2 月 13 日。

② 教育部:《关于境外机构和个人来华合作办学问题的通知》,1993 年 6 月 30 日。

人资格的教育机构及其他社会组织，在中国境内合作举办以招收中国公民为主要对象的教育机构（以下称合作办学机构），实施教育、教学的活动。”它是中国教育对外交流与合作的重要形式，是对中国教育事业的补充。这是第一份全面规定中外合作办学的建立、性质、运作和监督的文件，对规范办学活动具有重要作用。20世纪90年代初，中国的中外合作教育数量迅速增加，为鼓励和确保中外高等教育合作，1998年颁布《高等教育法》，明确“国家鼓励和支持高等教育事业的国际交流与合作”。

中国2001年加入世界贸易组织，为中国的中外合作办学带来了新的机遇和挑战。一方面，越来越多的外国教育机构不断涌入日益扩张和开放的中国教育市场，这为中国中外合作办学提供了新的机遇；另一方面，新的挑战开始显现出来——公益教育、教育主权、教育质量问题等。

2003年，《条例》确定了“扩大开放、规范办学、依法管理、促进发展”的办学原则及公益性事业的办学性质；积极鼓励引进外国优质教育资源；此外，还详细规定了中外合作办学的合作对象、组织管理、办学性质、机构设置、教育教学、学历和资产融资。2004年《条例实施办法》补充了中外合作办学机构设立、审批和学历教育、文化补习、自学考试助学等项目的管理规定，以及不批准办学机构的筹备设立的情况。1995年至2004年属于“规范发展阶段”。

第三，规范管理阶段。2004年《教育部关于做好中外合作办学机构和项目复核工作的通知》要求复核现有办学机构和项目。复核内容包括：①办学是否符合国家标准；②合作办学组织协议中的约定是否合法；③是否合法保护教师和学生权益；④合作办学对招生、教学活动、证书发放、质量监控措施等要求如何；⑤对于资产财务管理的相关制度是否合法完备。另外，教育教学、组织与管理等内容也是重点核查对象。这是《条例》颁布以来进行的第一次全面严格的审核，确保了中国现有中外合作办学机构和项目活动的合法性和规范性，推动了办学活动健康、有序发展。[①]

2006年《教育部关于当前中外合作办学若干问题的意见》要求：坚持中外合作办学的公益性；坚持依法办学，规范管理；坚持引进优质教育资源，强化能力建设政策导向；做好办学质量管理和收费管理工作；采用“双校园”办学管理模式；等等。[②]

2007年《教育部关于进一步规范中外合作办学秩序的通知》详细规范了违规

---

① 陆根书、康卉、闫妮：《中外合作办学：现状、问题与发展对策》，载《高等工程教育研究》2013年。

② 《教育部关于当前中外合作办学若干问题的意见》，2006年教外综〔2006〕5号。

收费、不按标准招生等行为。同年《国家教育事业发展“十一五”规划纲要》明确教育合作与交流四项重点任务之一是“推动中外合作办学”,全面落实《条例》,积极引进国外优质教育资源并作好监督和管理,鼓励中国大学同世界名校和科研机构实现“强项合作”和“强强合作”。[①] 2009 年《关于开展中外合作办学评估工作的通知》,规定依照法律对以下中外合作办学机构和项目进行评估:批准设立的实施本科以上高等学历以及实施境外学士学位以上教育的机构和项目,以推动中外合作办学可持续发展。[②] 2004 年复核开始至 2009 年评估工作的开始统称为“规范管理阶段”。

第四,快速发展阶段。《国家中长期教育改革和发展规划纲要(2010—2020)》[③]提出中外合作办学是中国高等教育的重要补充,要继续扩大教育开放,“加强国际交流合作”“引进优质教育资源”“提高交流合作水平”,中国教育国际化水平极大提高。

党的十八大以来,以习近平同志为核心的党中央高度重视人文交流工作。2013 年《国务院关于废止和修改部分行政法规的决定》删除《条例》中第 25 条第 2 款,并修改了第 43 条第 2 款。2016 年《关于做好新时期教育对外开放工作的若干意见》[④]强调要以服务党和国家工作大局为宗旨,在全面贯彻党的教育方针的基础上,坚持扩大开放,做强中国教育,推进人文交流,不断提升中国国家软实力和国际影响力,为实现“四个自信”“两个一百年”奋斗目标和中华民族伟大复兴的中国梦助力。目前,已在中国开办的中外合作办学机构和项目已有 2000 多家,在校学生大约 56 万人,82%为高等教育在校生,毕业人数已达 160 万人以上。[⑤]

2017 年《关于加强和改进中外人文交流工作的若干意见》强调中外人文交流是完善中外关系和提高我国对外开放水平的社会民意基础和重要途径,国家的改革发展和对外战略是加强中外人文交流工作的基石,促进中外民心相通和文明互鉴是中外人文交流工作的宗旨,创新高层次的人文交流机制,改革各领域人文交流

---

① 国务院:《国家教育事业发展“十一五”规划纲要》,2007 年 5 月 18 日,国发〔2007〕14 号。

② 教育部办公厅:《关于开展中外合作办学评估工作的通知》,2009 年 7 月 15 日,教外厅 1 号。

③ 《国家中长期教育改革和发展规划纲要(2010—2020)》,研究制定工作于 2008 年 8 月启动,2010 年 7 月 29 日正式发布纲要。一共包括十个重大专题,三十六个子课题。

④ 中共中央办公厅、国务院办公厅:《关于做好新时期教育对外开放工作的若干意见》,2016 年 4 月。

⑤ 林金辉:《中外合作办学规模、质量、效益研究》,厦门大学出版社 2016 年版,第 5 页。

形式、内容、工作机制，在外交的各个领域深化人文交流的理念。①

十九大明确，过去五年，党和国家事业发生重大历史性变革，中国特色社会主义迎来新时代。在过去的五年中，中国的教育也取得了全面的开拓性成就。② 中国已成为世界最大留学生输出国和世界第三、亚洲最大的留学目的地国，教育整体水平已跻身世界前列。中国同180多个国家和地区建立了教育合作关系，学位互认方面也同47个国家和地区签订了协议，并在教育领域与46个重要国际组织展开合作与交流，其中包括八大高级别人文交流机制——中俄、中美、中欧、中英、中法、中印尼、中南非、中德人文交流机制。150多个国家和地区的数千个教育机构与中国教育机构建立了友好关系，140多个国家分别建立了516所孔子学院以及1000多个中小学孔子课堂。67个国家将汉语纳入国民教育体系，170多个国家开设汉语专业教授汉语课程，全球范围内学习使用汉语的人数有大约达到1亿人。除此以外，"一带一路"沿线包括巴基斯坦、埃及、葡萄牙在内的十多个国家均邀请中国在国外开办学校，中国教育质量认可度不断提高。③

中国推动实施了《亚太地区承认高等教育资历公约》，并组织制定了《亚太经合组织教育战略》《中国落实联合国2030年可持续发展议程国别方案》，承办了数个国际高端教育会议，包括国际职业技术教育大会、世界学前教育组织国际学术研讨会、首届国际教育信息化大会等，还在高校设立十个教育援外基地，成立亚太经合组织高等教育研究中心、筹组金砖国家大学联盟等，在全球教育治理领域积极活跃。近年来，中国人文教育交流在国际上的影响力空前提高，俄罗斯用中国标准、中国专家评估本国大学，英国引进上海数学教材并邀请上海数学教师赴英示范教学，中国在教育领域的全球治理能力显著提高，朝着世界教育舞台中央迈着更加自信矫健的步伐。④

二、中外合作办学法律法规存在的问题

当然，在感受收获喜悦的同时，我们还应当看到中外合作办学法规政策存在

---

① 中央全面深化改革领导小组：《关于加强和改进中外人文交流工作的若干意见》，2017年12月21日。

② 参见《十九大报告》。

③ 涂端午：《新时代教育对外开放和中外人文交流的中国担当》，http://www.jyb.cn/zgjyb/201801/t20180111_929026.html，最后访问日期：2019年1月11日。

④ 习近平：《决胜全面建成小康社会　夺取新时代中国特色社会主义伟大胜利》（十九大报告）。

层级效力不高、体系不完善等问题,主要体现在:

第一,中外合作办学缺乏专门立法。1995 年以前合作办学数量极为有限,1998 年至 2004 期间中国教育对外开放扩大,高等教育事业发展迅速,中国中外合作办学积极发展。规范发展时期政策环境宽松的情况下,中外合作办学数量大幅度增加,也出现了很多问题,如中外合作办学发展参差不齐、秩序混乱等。2004 年至 2009 年出台的规范文件非常严格,导致中外合作办学的数量急剧下降。目前调整规范中外合作办学活动的法律仅包括《条例》(及其实施办法)、《教育法》、《民办教育促进法》和《职业教育法》等,法律效力层级难以适应现实需求。直到 2010 年《规划纲要》的实施,办学活动的规范程度才得到改善。

第二,虽然已经制定了一系列标准化的中外合作办学法规,以履行 WTO 教育服务领域的具体承诺,但《条例》及其实施方法仍有不符合 WTO 规则的规定。例如《条例》并未像 GATS 那样体现出教育主权构成一国教育国际事务最高原则的地位;亦未明确中外合作办学能否盈利,仅在《教育法》第 25 条规定“任何组织和个人不得以营利为目的举办学校及其他教育机构”。《条例》第 3 条提到办学活动属于“公益性事业”的定位明显无法适应日趋商业化的教育服务,其中相当一部分条款已经不能满足我国“教育出海”和“文化输出”的战略需求,亟须研讨和修订。例如《条例》第 2 条:“外国教育机构同中国教育机构在中国境内合作举办以中国公民为主要招生对象的教育机构的活动,适用本条例。”那么,是不是还要局限于“以中国公民为主要招生对象”?是不是应该考虑扩大招生对象范围至“外国公民”,尤其是“‘一带一路’沿线国家公民”?为配合国家战略,如何才能合法举办专门针对“一带一路”沿线国家或者东盟国家的“一带一路经贸法律大学”、“东盟法律大学”和“陆上贸易规则教育研究机构”?

第三,当前社会主义市场经济发展迅猛,越来越多的人开始寻求优质外国教育,2013—2014 年,在美国、中国、英国、德国、法国、澳大利亚、加拿大、日本等全球八大留学目的国接受高等教育的国际留学生为 2921141 人,同比增长 4.7%。[①] 其中 70%来自亚洲地区,来自中国的学生数量居于首位。国内优质教育资源供给不足,因此人们倾向于选择水平相对较高的国际教育;再加上部分留学人员个人的成功起到了很多推动作用,同时国家有关部门对“海归”人员的特殊政策,导致越来越多人选择接受外国教育;境外部分教育机构成功的市场开发策略,全球化和国际化的广泛影响,在异国教育和文化方面吸引了越来越多学生产生兴趣,有效培育了中

---

① 王耀辉、苗绿:《国际人才蓝皮书:中国留学发展报告》,社会科学文献出版社 2015 年版,第 2 页。

外合作办学需求。高涨的需求与有限的供给存在冲突，潜在的教育需求无法得到满足，中外合作办学面临较大管理风险，与此同时，举办者的扩张冲动非常强烈，几个问题倒逼中外合作办学进行供给侧改革。2015 年 10 月 13 日，英国《卫报》报道："根据英格兰高等教育拨款委员会最近的一份报告，2013—2014 学年，越来越多进入英国高校的学生是通过跨国合作项目（占 55%）而非直接录取（占 36%）开始他们首个学位的学习的。"[①]由此引出了一个思考——是否应当考虑增强个体经济和私营经济等社会资本对教育发展的资源贡献和结构优化？因此，应对条例重新定性并进行区分对待。

第四，应从法律法规到政策和规范性文件、从中央到地方、从国内到国际完善一整套科学、系统、高效的法律规范体系，对中外合作办学中的多方当事人进行协同规制并促进其发展。中外合作办学涉及中国政府、中方教育合作者、中国教师与学生、外国政府、外国教育合作者、外国教师与学生等多方当事人，他们的办学诉求与我国政府对中外合作办学的具体要求之间极易产生偏差，导致其举办方向不太符合国家的指导方向。部分中外合作办学机构和项目对办学投入、师资培养、教学改革、质量保障等缺乏应有重视，学校能力建设不够，片面追求经济利益；部分合作办学机构和项目举办的教育活动明显偏离国家政策规定，甚至把自行举办的、与出国留学相衔接的国际文凭班当作中外合作办学对外招生。中外合作办学的地位易被忽视，办学方向把握不准问题时有出现，合作办学改革与中国教育事业发展之间的关系未能得到妥善处理，由于这些原因，中外合作办学促进中国教育事业发展的作用尚未得到有效发挥。同时，中外合作办学的管理缺乏协作机制，使得有关管理工作难以系统化，相互隔离，甚至冲突，无法形成系统有效的政策体系。中外合作办学的顺利开展需要教师管理、学生待遇、外汇规定、税收政策等多种制度共同保障，但就现状而言，有关制度规定尚不够完善，缺乏必要的外部环境推动中外合作办学快速健康发展。此外，中央和地方之间、各部门之间、地区之间缺乏有效的协调沟通，亟须建立顺畅贯通的工作机制。同时，中外合作学校自身内部管理制度不够科学，自我发展、自我约束的能力还需待加强。社会实践方面，部分地方学校并未对外方的资质、办学和运行能力严格核查，尤其是办学成本相对低廉的学科极易出现重复办学、低水平办学的现象；引进的外方课程和教师不够优质，办学模式和教学安排粗制滥造，办学质量难以保证；个别办学机构依法办学的意识极度匮乏，违规办学触发群体性事件；个别纳入国家高等教育学校招生计划的项目严重违

---

① 《英媒：中国引领全球高等教育增长》，http://news.xinhuanet.com/world/2015-10/15/c_128321147.htm，最后访问日期：2019 年 2 月 2 日。

反政策,直接降低批次录取;一些项目中学生无法获得出国留学的签证及国外学历、学位;有些高等专科教育(高职)的项目承诺取得国外大学硕士学位证书,但该证书得不到国内认证;部分合作协议不够规范严谨,财务管理达不到要求;某些重点高校有意混淆政策界限,举办预科教育性质的班级滥竽充数;中国在合作办学中应有的领导权、决策权和管理权被淡化削弱,教育主权问题未得到足够重视。

三、中外合作办学法律法规的完善建议

中外合作办学是中国高等教育事业的重要组成部分和国际化的重要形式之一,以下是对规范中外合作办学秩序的思考和建议。

第一,准确定位合作办学的地位和性质。当前中国现行法律将所有中外合作办学都笼统定义为"中国教育事业的组成部分",各类办学机构的性质和地位都不明确。新时代应对中外合作办学的地位应作出新的理解:首先,引进国外优质教育资源不仅可以促进中外人文交流,还可以提升中国教育质量;其次,中外合作办学应以中方为主导、兼收并蓄,促进中国文化的国际传播,提高国家文化软实力。

第二,对合作办学的商业性和法人性作出明确规定。存在市场就无法避免逐利性目的,教育领域亦是如此,中外合作办学者之间存在的投资与回报的问题需得到妥善处理。做好 WTO 服务贸易总协定与《条例》的衔接,根据 WTO 服务贸易总协定及中国"入世"承诺修改《条例》,区分合作办学的公益性和商业性两种性质。立法应在做好规范收益分配的制度规范的前提下,允许商业性中外合作办学机构适当营利。要完善中外合作办学制度,首先要把中外合作办学纳入国家和地方教育事业总体发展规划,中外合作办学发展步伐要与国家教育发展宏观政策相协调,促进中外合作是提高中国教育质量、推动中国的对外放的重要措施和手段。在坚持公益为主、兼顾营利原则的基础上,针对营利性和非营利性办学机构制定并实施不同的管理办法。应删除《教育法》第 25 条最后一句"任何组织和个人不得以营利为目的举办学校及其他教育机构";同时,删除《民办教育促进法》第 3 条中的"属于公益性事业",一概否定合作办学的营利性已不符合发展趋势;区分处理营利性和非营利性机构的收入,改善办学条件及教学活动所需经费应主要来源于非营利性的中外合作办学机构收取的费用。《条例》第 47 条可明确区分规定:"中外合作办学机按其性质依顺序作出清偿:(1)应当退还学生的学费和其他费用;(2)应付的劳动报酬和应缴纳的社会保险费用;(3)应当偿还的其他债务。清除债务后不同性质的中外合作办学机构分别作以下处理:非营利性的办学机构清偿债务后的剩余财产转为国有财产,用于教育事业的发展;营利性办学机构清偿后剩余财产按有关规

定并依照办学合同处理。"对于营利性中外合作办学的机构和项目,在土地、税收、财务管理、从业资格、学生和家长权益等方面,作出区别性规定,并严格落实。将《公司法》中关于上市公司独立董事、职工董事的模式适当借鉴到办学机构内部管理中,细化理事会会议制度、管理委员会会议制度等方面问题,例如强制规定合作办学机构的理事会、董事会或管理委员会必须包含一定比例的教师代表和社会知名学者,以达到加强自身监管力度和提高管理能力的目的。

第三,完善《中外合作办学条例》准入制度有关规定。坚持教育主权原则并体现放管服改革,制定外国优质教育资源量化标准,建立外方办学机构准入清单。按照分级审批、权责一致原则,优化行政审批机制,严格审批,强化地方政府和学校责任。例如专科以下的合作项目由各省审批,本科及以上的仍由教育部审批。本科及以上层次项目审批可以有三种政策安排:一是教育部成立审评委员会提出独立意见,由教育部确定;二是教育部控制总量和增量,由各省审批;三是有权授予学位的学校自行进行审批,并报教育部注册。①

第四,扩大办学服务对象,将"外国公民"列为招生对象范围。"2014 年中国出国留学的人数约为 46 万人次,来华留学生有 35 万人次,在中外合作办学的高校就读的学生有约 45 万人次。"②中国跨境教育已从单一输入模式转化为双向模式,对待跨境教育的态度也必须由纯粹的教育交流合作转变为全方位指导和规划,从而呼应"一带一路"的现实要求,加强国家"软实力"。应探索推进举办专门针对"一带一路"沿线国家或者东盟国家的教育研究机构,以推动中外合作办学配合中国"教育出海"和"文化输出"的战略需求。

第五,是要科学分配各地教育行政部门的职责。(1)确定中外合作办学的主管机关以及执法机关,细化其在设立、审批、运行中管理的职权与职责,并确保其正当行使职权、依法行政。(2)加大现场调查力度,严格审批并优化审批程序,提高效率,避免弄虚作假的情况发生。(3)明确划分教育行政管理、外汇管理、税收管理、外事管理等主管机关之间的权限分工,并做好相互配合,打造良好的、高效率的合作办学环境。③ 中外合作办学活动引发的争端,应按不同性质加以解决,例如首先确定案件性质为行政还是民事案件,然后分别适用行政复议、行政诉讼或适用仲裁

---

① 薛二勇:《中外合作办学改革和发展政策分析》,载《中国高等教育研究》2017 年第 2 期。

② 《中国已成世界最大跨境教育资源国》,http://news.Xinhuanet.com/politics//2015-08/04/c-128092735.htm,最后访问日期:2019 年 1 月 2 日。

③ 张蕾、杨艳、张淑玲:《中外合作办学实践中的法律问题及法律建议》,载《高等教育研究》2001 年第 5 期。

或民事诉讼的方式解决。另外,当学校给予处分或不授予学位时,给予受教育者请求学校在作出处理决定前召开听证会或直接向有关部门提出申诉的权利;若受教育者合法的人身财产权益遭受侵犯,则受教育者可选择行政或司法途径寻求救济。国家允许中外合作办学提供更加优质、更加多样化和更加个性化的教育服务,促进中国教育改革和发展,增强国际竞争力。

第六,对外国优质教育资源作更广泛的解释。《条例实施办法》明文规定外方办学机构要有"相应的办学资格"和"较高办学质量","相应的办学资格"通常以外方合作办学者在其所在国符合相应的办学资格为标准,但法律可以进一步细化"较高办学质量"这一概念,制订考察标准,比如基础建设扎实、管理与运行机制完备、服务能力和经营效率显著、到位的安全保障措施、特色突出与善于创新等。只有将"较高办学质量"这一标准具体落实到各个方面,才能真正杜绝"文凭工厂"的开办,才能真正意义上为中国培养高素质人才。积极鼓励教育质量高、管理经验先进、在学术领域有较大影响力的外国教育机构来我国办学,符合贫困地区、中西部以及边远地区发展要求和基础条件的机构和项目应当优先布局,着重加强国内薄弱、急需、新兴的学科专业的合作。当前中西部地区中外合作办学水平较远远落后于沿海发达区,无法满足"一带一路"要求,解决这一问题最有效的方法就是努力提高中西部地区高校的办学水平。一旦人才培养质量得到提升,亦会更有利于地方经济发展,开展中外合作办学的能力和需求也会随之提升和扩大。同时,从宏观上提升中西部教育质量水平,国家教育行政部门应在该地区新设教育部直属高校,以行政力量对现有的办学资源配置格局作出一定程度改变;①或者借"双一流"之势,新增土地出让、财政补贴等政策,吸引国外优质教育资源,推动西部高校的国际交流合作发展。

第七,探讨"双办"统一立法模式,积极出台立法,规范中外合作办学运行过程各个方面,包括招聘、人事管理、工资、奖惩、劳动保险、福利待遇和辞退、教师资格认定、职称评定和评优奖励等;健全对外方教师的聘用、管理、培训制度规范,将这些教师纳入国家教师管理系统。探索制定一整套科学、系统、高效的法律规范体系,以协同规制中外合作办学行为,并促进其科学发展。树立监管意识,建立和完善质量认证及评估系统,监测办学活动的动态质量,对国外教育机构做好科学评估。对各中外合作办学机构和项目实施分类管理,严格审批独立设置的或者作为二级学院设立的机构;通过社会监督力量提高办学过程透明度,如建立全国统一管

---

① 刘海峰、李木洲:《教育部直属高校应分布至所有省区》,载《高等教育研究》2012 年第 12 期。

理的中外合作办学信息数据库，及时录入办学活动中有关审批、注册、招生等信息，及时汇总更新，定期向社会发布信息分析报告，建立简明、实用的中外合作办学信息检索系统便于社会公开检索，确保录入的信息是准确的；充分发挥自我约束、监督和评估考核的作用，建立行业监督协会，树立行业自律。监管主体可以将纯粹追求盈利的外方机构纳入黑名单；搜集中外办学项目的评价信息，做好社会监督工作，建立健全中外合作办学的淘汰机制。

第八，合作办学形式多样化。一方面，引入世界一流名校力量，实施世界名校中国分校建设计划，积极推动我国高校能力建设的提高；另一方面，鼓励高校在紧缺、薄弱的专业学科领域选择影响力大、优势强的国外教育资源进行办学合作，鼓励发展与学校整体规划结合的实质性中外合作办学项目。但中外合作办学并不是简单的吸收、引进和消化，关键在于融合创新，博采众长，取中外双方教育之精华，以提升中外合作办学质量和内涵。积极引进先进的办学管理模式、教育教学方式、课程教材体系等，借鉴国际先进的教育质量评价标准和方法，探索打造高端、精品、特色教育。人才培养方面，既要有传承中华优秀传统文化的意识，又要保证具有国际性格局与竞争力，为社会主义现代化建设及“一带一路”发展培养人才。

我国高等学校境外办学法律问题探析*

——以我国高校拟在缅甸、柬埔寨和英国办学为例

秦　洁**

摘　要:境外办学是我国高等教育国际化战略的重要组成部分。近年来随着对外开放的加强,高校积极探索开展境外办学,有助于服务国家战略发展和地方经济建设,也有助于推进"一带一路"倡议。境外办学是跨境教育的一种形式,具有复杂性和多维度的特点,不仅申报设立时有法律风险,实施中也更有各种风险,其中高校境外的独立机构办学最为典型,难度也最大。高校境外办学需要重点关注"准出"和"准入"法律法规问题,防范法律风险,同时兼顾利益相关方的权益保障问题。要改变我国境外办学的现状,应对境外办学面临的挑战,熟悉和破解境外相关法律政策是关键。

关键词:跨境教育;境外办学;合作办学;法律问题

一、问题的提出

全球化背景下,我国高等教育国际化趋势不断增强,跨境教育成为促进高等教育发展的重要手段和平台。国家鼓励和倡导高等院校开展跨境教育,2015年颁布《关于做好新时期教育对外开放工作的若干意见》明确指出"鼓励高等学校和职业院校配合企业走出去,鼓励社会力量参与境外办学,稳妥推进

* 本文系第一批国际化特色智库项目"中外合作办学和境外办学存在的法律问题及对策研究"(2019XZGJHZK-04)的研究成果。

** 秦洁,中外人文交流及教育涉外法律研究中心副主任,西南政法大学国际教育学院副院长,民商法学院副教授。

境外办学”。2015 年颁布《推进共建 21 世纪丝绸之路经济带和 21 世纪海上丝绸之路的愿景与行动》强调“要扩大相互间的留学生规模，开展合作办学”。2017 年颁布《关于加强和改进中外人文交流工作的若干意见》再次提出要深化中外留学与合作办学，以服务国家改革发展和对外战略为根本，重点支持汉语、中医药、武术、美食节日民俗以及其他非物质文化遗产等代表性项目“走出去”。近年来，我国越来越多高校着手开展境外办学活动。2015 年教育部统计高校境外办学项目的数量是 102 个，其中 98 个为中外合作项目，4 个为设立办学机构。据不完全统计数据显示，全国共有境外办学机构和项目共 128 个，分布在 21 个省、自治区、直辖市，参与办学的高校为 84 所。①

目前，我国高校境外办学实践在数量和规模、政策支持、法律规范、学科分布、能力建设等多方面都面临着困难和挑战。② 有学者认为，我国高校境外办学总体仍处于起步阶段，规模不大，学科专业相对单一，政策制度亟待完善，质量保障有待加强，招生模式、学籍注册、课程设置、师资建设、信息公开、学历学位、资金筹措、资产管理、部门协调、风险管控、知识产权、法律指导、服务当地、文化适应、质量评估、准入机制、退出机制等也有待进一步探索。笔者以“境外办学”“海外办学”“涉外办学”为关键词，在中国期刊网全文数据库以精确匹配方式检索了 2000 年至 2018 年 7 月 1 日的期刊数据，查找到 50 余篇相关论文。这些研究主要涉及境外办学的现状动因分析、境外办学实践个案分享、英美大学海外办学的实践经验和启示等，其中涉及境外办学法律问题的仅有2～3 篇论文。可见目前我国高校境外办学法律问题的理论和实践研究较为匮乏，不足以为高校境外办学提供指导和借鉴。2018 年 5 月和 6 月中国高等教育学会中外合作办学分会举办了两次高校境外办学研讨会，对高校境外办学的内涵、动因与模式、高校境外办学存在的问题和政策障碍进行探讨，也正是为了探索精准支持和规范管理我国高校境外办学，实现我国高等教育“走出去”目标而做努力。

高校境外办学是跨境教育的重要组成部分，其具有政治性、经济性、文化

---

① 数据来源于 2018 年 5 月 22 日在成都召开的高校境外办学调研座谈会的相关统计。参见厦门大学中外合作办学中心网站，www.crcfcrs.edu.cn。

② 根据《中外合作办学发展报告(2016—2017)》，截至 2018 年 1 月，全国经审批机关批准设立或举办的中外合作办学机构和项目已有 2626 家，涉及 34 个国家、1746 所高校(其中中方高校 785 所，外方高校 961 所)，覆盖了各个教学层次和类型，涉及自然科学与工程科学类以及人文社科类共计 12 个学科门类 200 多个专业。

性和社会性,是一项复杂的系统工程,涉及法律风险、政治风险、财务风险、师资和学生风险保障、教育质量保障风险等。由于境外办学涉及跨境提供教育服务,高校不仅要遵守东道国教育制度、市场准入和办学规则,适应其文化社会环境,还须遵守我国教育制度、对外投资规则,以及符合教育服务贸易相关的国际公约和条约,包括区域性双边条约和协定。除了"准出"的法律文化障碍,以及"准入"的政策制度门槛,办学过程中还涉及利益相关各方的权益保障等复杂问题。本文拟从境外办学的概念界定入手,探讨我国高校境外独立办学的几个主要法律问题,包括我国对"准出"的法律政策监管,和以缅甸和英国教育制度环境为例探讨"准入"问题,旨在探索相关解决途径,为我国高等跨境教育研究贡献力量。

二、境外办学的含义

文献中提及境外办学时常常出现的相关术语和概念有"跨境教育"(Cross-border Education)、"无边界教育"(Borderless Education)、"跨国教育"(Transnational Education,简称 TNE)、"海外教育"(Offshore Education)、"涉外办学"(International Education)和"中外合作办学"(Chinese-foreign Joint Education)等,有必要明确这些术语的含义,以界定境外办学的内涵。

"跨国教育"通常是指一国的教育机构为他国的学生提供教育服务,学生所在国和颁发证书机构所属国家不同。[①] 联合国教科文组织的会议文本资料中常用"跨国教育"指代各种跨越国界实施的教育学习计划或服务。

"跨境教育"指跨越边界的教育。它在 2003 年 11 月 OECD 和挪威教育部共同举办的第二次教育服务贸易国际论坛上首次被提出,区别于"教育服务贸易"(Trade in Education Service)概念,强调教育公益性原则,回避贸易的商业化性质,从而缓和各方的分歧。[②] 加拿大教育学者 Jane Knight 认为,跨境教育既可指跨越国家边界(Boundaries),也可以指跨越法域(Jurisdictions)。例如我国《中外合作办学条例》《中外合作办学条例实施办法》《高等学校境外办学暂行管理办法》均注明于我国香港、澳门特区的办学活动属于跨境合作办学的范围。一般认为,跨境教育主要有三种形式:一是人员跨境流动,包括学生和教师的跨境学习研修;二是项目跨境流动,如跨境进行教育合作项目、联

① 冯国平:《跨国教育的国际比较研究》,华东师范大学 2009 年博士论文。

② 赵俊峰:《跨境教育》,载《外国教育研究》2009 年第 1 期。

合培养项目、网络学习项目等；三是教育机构跨境流动，如中外合作办学机构，以及在国外设立的教育培训机构等。

“无边界教育”最先由英国和澳大利亚提出，用来描述现在边界模糊的教育现象。有学者在讨论虚拟教育时，将其包含在“无边界教育”中，以强调全球化社会中出现的许多非传统的教育方式，其核心特征就是超越各种边界——产业、国界、教育层次、公立和私立教育、时空等。[①]

“海外教育”属于非正式的用法，在正式讨论中基本不予使用，仅在少量非正式场合和文献中使用。

综合来看，跨境教育、跨国教育、无边界教育都属于较宏观的概念，在很多情况下可以通用，本文将统一使用“跨境教育”用语。

“涉外办学”、“中外合作办学”和“境外办学”属于“跨境教育”的下位概念，多指跨国界或法域举办教育活动。“涉外办学”用语常见于我国相关的会议、文件和部分文献中，和“涉外案件”“涉外婚姻”等用语类似，用来描述含有涉外因素的办学活动。厦门大学中外合作办学研究中心林金辉教授将我国目前存在的涉外办学形式归纳为“中外合作办学、境外办学、孔子学院和孔子课堂、国际交换生和访学项目、短期文化体验项目、海外实习项目等等16种”。[②] 当然，这些涉外办学方式并没有统一的分类标准，也未能穷尽所有的涉外办学形式。根据《中外合作办学条例》和《中外合作办学条例实施办法》的有关规定，“中外合作办学”是指中国教育机构与外国教育机构依法在中国境内合作举办以中国公民为主要招生对象的教育教学活动，包括机构和项目两种形式，主要以引进国外优质教育资源为目的。与“中外合作办学”对应，输出教育资源的跨境办学行为就是“境外办学”。

根据《高等学校境外办学暂行管理办法》[③]，“境外办学”指高等学校独立或者与境外具有法人资格并且为所在国家(地区)政府认可的教育机构及其他

---

① Robin Middlehurst, Quality Assurance and Accreditation for Virtual Education : A discussion of Models and Needs, Globalization and the Market in Higher Education: Quality, Accreditation and Qualification, UNESCO Publishing, 2002.

② 林金辉教授提及的我国现存的16种涉外办学形式，包括：中外合作办学、境外办学、孔子学院和孔子课堂、国际联合培养、国际交换生和访学项目、留学预科班、短期文化体验项目、海外实习项目、语言强化项目、海外远程教育、外籍人员子女学校、苏世民学者项目、英国高等教育文凭项目、国际通识教育课程项目、国际本科学术互认课程项目和深圳特色学院。

③ 由教育部2002年15号令颁布，2015年12月已经废止。

社会组织合作,在境外举办以境外公民为主要招生对象的教育机构或者采用其他形式开展教学活动,实施高等学历教育、学位教育或者非学历教育。据此,境外办学有以下特点:

第一,办学主体可是我国高校独立办学,或与所在国家(地区)政府认可的教育机构和(或)其他社会组织合作办学。例如:老挝苏州大学和马来西亚厦门大学分校属于我国高校在境外的独立办学机构;上海交通大学与新加坡南洋理工大学合作举办的研究生院;青岛科技大学与泰国宋卡王子大学以及橡胶谷集团有限公司三方合作举办的泰中国际橡胶学院等。

第二,办学地点主要在中华人民共和国境外进行,包括我国港澳特区。

第三,招生对象主要是境外的公民。

第四,办学形式是采用设立教育机构或其他形式开展教育活动。

第五,办学的层次既包括高等学历学位教育,也包括非学历教育。目前,我国高校赴境外无论举办学历学位教育,还是非学历教育,均不要求教育主管部门审批和备案。

目前我国高校境外办学主要有三种类型:其一为中方高校在境外以独立法人的形式办学,表现为海外分校、独立学院或独立的教育机构,如厦门大学马来西亚分校、老挝苏州大学等;其二,以非独立法人形式与境外教育机构合作开办课程,如北师大卡迪夫中文学院等;其三是境外政府、企业或组织提供办学条件,由中方相对独立进行教育教学管理,如北京语言大学东京学院等。

境外办学的三种形式中,高校境外独立办学形式涉及的法律规则最广,办学投入最大,政策制度最复杂,风险也最高,也是本文分析的主要对象。

三、我国高校境外办学涉及的主要法律问题

在我国,高校境外办学法律政策经历了较大的发展变化。2002 年教育部公布第 15 号令《高等学校境外办学暂行管理办法》,是国家就高校境外办学颁布的唯一一个行政规章。2004 年国务院办公厅发布《关于保留部分非行政许可审批项目的通知》(〔2004〕62 号)。2015 年 5 月,国务院取消由教育部负责实施的本科以上高等学历教育境外办学审批权,10 月取消由省级教育行政部门负责实施的高校赴境外举办专科教育或非学历高等教育审批权,11 月教育部发文废止《高等学校境外办学暂行管理办法》。同年,《关于做好新时期教育对外开放工作的若干意见》鼓励高等学校和职业院校配合企业“走出去”,鼓励社会力量参与和稳妥推进境外办学。可见,随着改革开放的不断深入,国家增

加了高校"走出去"的办学自主权，取消了多项审批程序，鼓励高校结合自身实际情况和国际化发展战略而自主决定境外办学。境外办学属于 WTO 服务贸易范畴，即一成员方的服务提供者在另一方成员境内建立商业存在提供服务，与对外投资直接联系，涉及的政策和规范较多。因此，高校能否到境外独立办学，如何才能在境外办学，境外办学是否可持续，重点在厘清国内法和国际法的相关法律规范，明确境外办学的流程和步骤，才能防范风险。

（一）境外办学"准出"法律问题

我国境外办学主体是高等院校、职业院校和社会力量。境外办学涉及教育资源输出行为，各国均有相关政策法律予以规范和监管，我国也不例外。

1.主体资格

已经废止的《高等学校境外办学暂行管理办法》对境外办学的主体资格没有限制规定，更多的是依照办学东道国的法律。国家除鼓励高等学校、职业院校参与境外办学外，还大力提倡社会力量参与境外办学，范围包括企事业组织、社会团体、其他社会组织和公民个人。[①] 2017 年，云南南方教育投资集团与泰国北清迈大学合作设立的北清迈大学国际学院就是一例。

2.审批程序

自 2015 年，我国高等院校赴境外举办本科以上高等学历教育、专科教育或非学历高等教育已经不再需要教育部或省级教育行政主管部门的审批，但是教育部和省、自治区、直辖市人民政府以及学校主管部门应负责对高等学校境外办学进行指导、监督和管理。

3.办学投入

境外办学属于跨境投资行为（Overseas Direct Investment，ODI），必然受我国对外投资和外汇管理相关法规规制。2014 年《境外投资管理办法》规定对外投资需要符合各种审批程序，涉及的审核部门包括商务部、发改委、国资委、财政部等部门。2018 年商务部等六部委联合颁布《对外投资备案（核准）报告暂行办法》，要求境内投资主体在境外设立企业前，需按规定向主管部门提交相关信息和材料，符合法定要求的，相关主管部门为其办理备案或核

---

① 《社会力量办学条例规定》第 2 条。社会力量办学指企业事业组织、社会团体及其他社会组织和公民个人利用非国家财政性教育经费，面向社会举办学校及其他教育机构的活动。

准。[①] 境外办学主体中高等院校多属于公办事业单位性质,还需要遵守《事业单位财务规则》(2017 年修正)和《事业单位国有资产管理暂行管理办法》(2017 年修正)的相关财政政策。[②]《事业单位国有资产管理暂行办法》第 44 条明文规定事业单位应该严格控制对外投资,不得使用财政拨款及其结余对外进行投资。这说明我国公办高校境外办学投入受到严格控制,需要自行筹措资金进行办学,这也正是国家鼓励社会力量参与境外办学的原因。此外,境外办学还涉及资本跨境流动,应该遵守我国外汇管理相关制度。

4.招生对象

2002 年《高等学校境外办学暂行管理办法》明确规定境外办学的机构或项目以境外学生为主要招生对象,原则上不应招收中国国籍学生。现实中,根据办学需要,高校境外独立办学招收中国国籍学生应获得教育部的正式批准。例如,厦门大学马来西亚分校经教育部批准,从 2016 年开始招收中国本科学生,其招生的规模纳入厦门大学年度招生计划,招收的中国学生应参加全国统一高考。

5.文凭证书及质量保障

我国高校境外独立办学(包括合作办学项目)均涉及学位学历证书颁发和认证。美、英、澳等跨境教育输出大国均建立了成熟的跨境教育质量保障机制。英国高等教育质量保障署(Quality Assurance Agencey, QAA)对英国高等教育机构的海外办学机构和项目进行实地考察和评估,并公开评估结果和指导意见,建立了一套严格的英国高等教育机构跨境办学机构的外部评估和监管机制,保障英国教育的质量和声誉。我国境外办学的经验和实践还较为匮乏,亟待完善境外办学的监管机制、学历学位认证机制等相关机制,以支撑高校开展境外办学,确保我国高校境外办学的质量、声誉和可持续发展。

(二)境外办学“准入”法律相关问题

高校境外办学是通过在境外设立商业存在提供教育服务,涉及高等教育服务贸易要素的跨境流动,除遵守 WTO 承诺、区域性和双边贸易协定以外,

---

① 《关于印发〈对外投资备案(核准)报告暂行办法〉的通知》第 2 条。

② 《事业单位财务规则》第 44 条,《事业单位国有资产管理暂行办法》第 21 条、第 23 条。

了解东道国相关法律法规政策是境外办学得以实现的关键。① 根据国家“一带一路”倡议的精神，在东盟等国家设立境外办学机构，是扩大对外开放、开展人文交流和提供智力支持的重要手段。缅甸和柬埔寨是“一带一路”和东盟的重要国家，目前在两国开展办学的我国高校还不多。当前，缅甸和柬埔寨都开放了教育投资环境，为高校境外办学提供了条件。英国作为老牌的高等教育强国，教育制度的完整性、法办学法治环境的严格性与缅、柬两国形成强烈对比，有助于深入理解在不同类型国家开展境外办学的障碍与问题，从而更好做出应对。笔者下面将以缅甸、柬埔寨和英国为例，简要介绍三国高等教育制度环境，分析在三国跨境办学涉及的主要法律问题。

如前所述，境外办学目前的形式有三种：第一种是我国高校在境外独立办学，设立分校；第二种是与境外高校联合办学，举办项目或课程等；第三种是境外高校组织牵头，我方高校提供教学资源和教学独立管理。其中第二种和第三种均属于与外方合作办学，一般以签订合作办学协议的方式进行。相比于合作办学中可以通过合作伙伴了解东道国法律和政策要求，独立办学的复杂性和风险性都要高得多。因此，接下来本文仍主要以缅甸、柬埔寨与英国三国为例，针对独立办学的法律政策问题进行探讨。

1.高等教育制度比较

(1)缅甸高等教育制度简介

截至2018年7月，缅甸共有大学与学院108所，师范学院20所，科技与技术大学63所，部属大学与学院22所。② 缅甸著名的高等学府有仰光大学、曼德勒大学等。缅甸高等教育学制与国内不同，分为四、五、六年学制不等。普通文理科综合大学和经济大学的学制属于四年制，法律、计算机和农业大学和远程教育为五年制；而医药、畜牧、林业和工业大学的学制则是六年制。缅甸高中毕业生参加大学入学A-Level考试，由高等教育司大学生选拔委员会择优录取。

在职业教育方面，缅甸借鉴越南和美国的教育模式开办各类职业学校，主要有中等和高级职业教育两类。前者旨在为初中毕业生提供就业机会；后者招收对象为初、高中毕业生，以工科技术类课程为主。学生通过一定年限的技

---

① 金孝柏：《我国高校海外办学中的法律适用》，载《上海对外经贸大学学报》2017年第7期。

② 中华人民共和国外交部网站，http://www.fmprc.gov.cn/web/gjhdq_676201/gj_676203/yz_676205/1206_676788/1206x0_676790/，最后访问日期：2018年8月7日。

术课程学习,成绩合格者可获得副学士学位、学士学位或工程学士学位。

政局的动荡和经济落后影响了缅甸高等教育的发展,存在高等教育资源地区分布不均、基础教学设备缺乏、教学未采用国家通用语言、课程设置与就业需要脱节等问题。2012年自缅甸新政府陆续成立综合教育部门审查(CESR)和教育促进实施委员会(EPIC),以期通过一系列教育改革措施建立一个教育体系完备的现代化国家。2014年缅甸颁布了《教育法》。2018年,缅甸投资委员会颁布投资通令,宣布教育领域向外资开放,之后又公布了十大优先投资领域,其中包括教育服务行业。

(2)柬埔寨高等教育制度简介

柬埔寨1953年宣布独立至1969年期间,其教育事业获得极大发展,建立起系统化的文化教育制度。自1970年后,柬埔寨因长期战乱,文化教育工作无法正常进行,几乎陷于瘫痪。1980年年底,柬埔寨重新开办四年制高等教育机构。20世纪90年代以来,在联合国、亚洲发展银行和世界银行等的外界援助下,柬埔寨高等教育得到改善和发展,并利用加入东盟的机遇,加强国际间的学术交流与合作,促进了柬埔寨高等教育的发展。

据柬埔寨教育部统计,截至2014年,柬埔寨共有63所大学,其中18所公立大学,45所私立大学,学生人数11万余人。柬埔寨的高等教育大致可分为学术教育和职业技术教育,现行的高等教育体制分为学院、大学和研究所或独立学院三类。自1997年国家允许兴建私立大学后,私立大学已逐渐成为柬埔寨高等教育的主流。

但是,柬埔寨教育目前处于发展阶段,仍存在低识字率、教育腐败、师资欠缺等教育问题,需要通过国际间的教育合作,与其他国家或地区的教育机构建立伙伴关系,与国际接轨,提升教育水平。

(3)英国高等教育制度简介

英国高等教育历史悠久,素以标准严、质量高著称于世,是世界上高等教育强国之一。由于历史和传统原因,英国高等教育在本科阶段存在较大的地区差异。[①] 在英格兰、威尔士和北爱尔兰地区,完成普通中等教育后,经过2年A-Level(中学高级水平课程)学习和考试,学生进入本科阶段,本科学制为3年,授予学士学位;苏格兰学生完成普通中等教育后,获得苏格兰高级课程证书后进入本科阶段,学制为4年,授予学士学位。英国硕士学制通常为1~

① 英国高等教育体制和体系在其四个国家有所差异,体现在学制、监管部门、学位授权等多方面。本文主要以英格兰的体制和实践作为研究和分析对象。

2年，博士学制为3年，可提供14000多个专业和37000多种学位供学生选择。英国职业教育也是世界职业教育模式的成功范例之一，与学术路线并行，其职业教育课程GNVQ(General National Vocational Qualification)分为初、中、高三级，高级职业课程可冲抵学术课程学分，完成高级职业课程的学生有资格进入大学本科学习，三年后取得学士学位。

英国是教育资源输出大国，政府高度重视以高等教育发展经济，将其纳入产业战略。《2016—2017年度英国高等教育大数据》报告显示，2016—2017年度英国占全球国际学生市场份额的12%，名列国际学生目的国第二名。[①] 此外，英国大学在世界各地拥有3000多个跨境教育项目，包含海外分校、合作办学项目、特许课程、远程教育等多种形式。[②] 政府将在英国设立的境外办学机构视为新型教育提供者，由商务、创新和技能部(Department of Business, Innovation and Skills)对机构设立和学位授权事项提供咨询建议和指导，[③]这表明了政府对引进教育资源持开放态度。近年来，我国部分大学尝试在英国开展跨境办学，例如北京师范大学在英国创立北京师范大学——卡迪夫中文学院，浙江大学也与英国帝国理工大学开设创业联合中心，北京大学成立北京大学汇丰商学院牛津校区等。但英国高等教育独特、高度成熟、详尽烦琐的制度体系和法律规范无疑为办学者提高了门槛和增添了挑战。

2.境外办学主要法律问题

(1)市场准入问题。缅甸是WTO成员国，但是没有作开放教育市场的任何承诺；中国与东盟签署的地区性协议、中缅之间签署的双边经贸协议中也未涉及高等教育市场开放。[④] 缅甸新政府成立后，大力推行政治转型，扩大对外开放力度。教育改革中重要举措之一就是大力吸引外资。缅甸投资委员会(Myanmar Inverstment Comission, MIC)2018年4月发布通令允许外国投资者全资投资教育领域。由此缅甸国内外企业可开办私立基础教育学校

---

① UK Higher Education International Unit, International Higher Education in Facts and Figures, UK Higher Education International Unit, 2013: 36.

② UK Higher Education in China: An Overview of the Quality Assurance Arrangements. http://www.qaa. ac. uk/ reviews/international/china06/de-fault.asp, 2008-02-08.

③ 白利超:《英国高等教育国际化战略及其举措》，载《世界教育信息》2015年第16期。

④ 《中国—东盟自由贸易区投资协议》和《中国与东盟全面经济合作框架协议》，其中为涉及开放高等教育市场。中缅之间签署的的双边经贸协定包括《中缅投资保护协定》、《关于边境贸易的谅解备忘录》和《关于鼓励促进和保护投资协定》等。

(Private Basic Education School);私立技术、职业与培训学校(Private Technical, Vocational and Training School);私立高等教育学校(Private Higher Education School);民办主体性学校(Private Subject Based School);缅甸教育部和相关政府部门指定开办的私立学校(Private School Designated by the Ministry)。所有私立学校须按照教育部和相关政府部门规定的课程或国际课程进行授课。[①] MIC 通令允许投资的五种类型中包括高等教育、职业教育等领域,可以认为缅甸对外国投资者全面开放其高等教育市场,我国高校在缅甸办学在市场准入方面没有限制。

柬埔寨作为 WTO 成员国,并没有作出开放高等教育市场的承诺;在中国与柬埔寨签订的多边和双边条约、协定中也未有高等教育市场的相关规定。而《柬埔寨教育法》规定,国家应广泛开放公共和私营部门、国家和国际组织、非政府组织和社区等有关利益攸关方参与国家教育政策、计划和战略的制定、起草、监测和评估实施、审查和修订过程。国家大力鼓励和支持私营机构建立伙伴关系,提供各级各类教育服务。由此,我国高校可以在柬埔寨境内进行教育教学活动。

就英国而言,目前 WTO 的 164 个 成员国中,承诺开放高等教育市场的国家不到三分之一。英国已于 2020 年 1 月 31 日正式退出欧盟,英国与欧盟的贸易关系随后进入脱欧过渡期,至 2020 年 12 月 31 日结束。[②] 在过渡期间,脱欧之后的英国不再是欧盟政治机构或组织的一部分,但仍属于欧盟关税同盟和单一市场的一部分,并应当受欧盟法律管辖。[③] 如果在过渡期内未达成任何贸易协议且过渡期不再延长,英国将无协议脱欧。换言之,英国和欧盟的贸易将回到世界贸易组织的框架内进行。[④] 此外,对于和欧盟已经存在自贸协议的经济体,英国需要通过谈判续签;对于尚未和欧盟达成自贸协议的经济

---

① Republic of the Union of Myanmar Myanmar Investment Commission Notification 7/2018,6 Waning of Kason, 1380 M.E.(20th April 2018),第 1 条、第 2 条、第 4 条。

② Tom Edgington, Brexit: What is the transition period?. BBC News. 31 January 2020. https://www.bbc.com/news/uk－politics－50838994.

③ Questions and Answers on the United Kingdom's withdrawal from the European Union on 31 January 2020. European Commission. 24 January 2020.https://ec.europa.eu/commission/presscorner/detail/en/qanda_20_104.

④ Brexit: Jargon－busting guide to the key terms. BBC. 17 February 2019. https://www.bbc.com/news/uk－43470987.

体,脱欧后的英国也可以启动谈判。[①] 其未来的投资环境尚未可知。

(2)办学主体资格。主体资格即以何种身份和形式办学,关系到办学者的法律地位。2014年《缅甸投资法》规定外国投资者指在缅甸国内投资的非国民投资者,包括依据缅甸公司法注册成立的外国公司、分公司、其他经济组织以及在其他国家依法成立的经济组织。根据定义,我国高等院校或社会力量也符合在缅甸办学的主体资格条件。《缅甸投资法》规定的禁止投资和限制投资的范围中也不包含教育活动。[②]

《柬埔寨投资法》规定,投资者既可以是自然人,也可以是法人。《柬埔寨教育法》也规定,公共法人、私营法人和(或)自然人有权提出设立教育机构的建议。民办教育机构的设立和管理,由教育部根据其类型制定规章和原则。根据规定,我国高等院校或社会力量可以成为柬埔寨高等教育的办学主体。

就英国而言,涉及英国高等教育的办学机制,如办学机构的设立、监管、学位颁发、质量保障等。英国高等教育机构包括大学、高等教育学院、教育学院以及艺术及设计学院,包括90多所大学和150多所提供本科以上课程的学院。[③]其有以下几个特点:

第一,高等教育机构的设立和称谓均为法定。根据历史传统,成立英国大学由皇家许可状、枢密院或议会法案决定。由于教育的公益性,合格的高等教育机构可在慈善委员会(Charity Commission)注册为非营利性的慈善机构(Registered as Charity),获得慈善机构认证的教育机构在行业监管、拨款机构、税收优惠等与其他非慈善机构不同。英格兰地区注册为慈善机构的高等教育机构由英格兰高等教育拨款委员会(Higher Education Funding Council

---

① 杨海若、孙晓玲:《"脱欧"对英国经济意味着什么》, http://www.xinhuanet.com/world/2020-02/01/c_1125518630.htm.

② Myanmar Investment Law (The Pyidaungsu Hluttaw Law No. 40/2016), The 2nd, Waning of Thadingyut, 1378 M.E. (18, October, 2016),第42条和第43条。

③ http://www.cscse.edu.cn/publish/portal0/tab118/info3585.htm,最后访问日期:2018年8月10日。

for England,HEFCE)进行拨款和监管,[①]2018年1月起由英国学生事务办公室(The Office of Students, OfS)监管。

第二,高等教育机构的学位授予权力法定,未经授权设立和颁发学位属于违法行为。英国大学均有学位授予权力,仅有部分高等学院享有学位授权。大学和学院获得学位授权的传统途径有三种:其一为皇家许可状(永久授予),其二是议会法案(永久授予),其三是枢密院授权。高等教育拨款委员会代表政府受理教育机构的学位授权申请,审核决定其是否能成为接受拨款单位。此外,英国高等教育质量保障署负责审核学位授权的具体细节,但是否获得学位授权的决定仍由枢密院作出。HEFCE(现在已改为 OfS)对外公布所有有学位授予权的高等教育机构名单。[②] 当然,没有学位授权的教育机构也可以申请学位授权,也有些通过与大学或有学位授权的学院合作,通过认证后颁发其学位。

第三,独特、完善和多层次的高等教育质量保障体系。在英国,议会、政府、专业机构以及高等院校之间分工协作,形成了独特的外部评价和内部评价联动的高等教育质量保障体系。[③] 政府近年来也进行了一系列机构改革并实施了新的教育标准和计划。例如,根据2017年《高等教育与研究法》,从2018年1月1日起,由英国学生事务办公室代替 HEFCE 履行英国教育监管职能,并委托 QAA 进行高等教育质量和标准进行评估。QAA 在协助高等教育监管方面发挥以下作用:评估英国高等教育提供者的质量和标准;提供证据帮助英国学生事务办公室确定英国高等教育提供者在质量方面是否满足注册条

① 英格兰高等教育拨款委员会是在1992年根据《英格兰继续教育和高等教育法》而创建的,是英国商业,创新与技能部下一家非政府部门公共机构,负责向英格兰大学和高等学院提供资金分配,是英格兰高等教育机构的主要监管机构。自2009年开始,英国政府决定学校可以自主提高国内学生和欧盟学生的学费,削减了对大学的拨款,英格兰高等教育拨款委员会也被撤销,于2018年3月停止运行,其拨款职能以及其他监管职能分配给新成立的学生办公室和英格兰研究(England Research)。

② 由于 HEFCE 的职能停止和转移给 OfS,现在 OfS 是高等教育机构新的监管机构,代替 HEFCE 受理有关学位授权的新申请。

③ 英国高等教育专业质量保障机构中最权威的机构是高等教育质量保障署,其评估结果将作为高等教育拨款机构对大学拨款的重要依据。另外,英国还有许多区域性质量保障机构,如英格兰教学大纲与学历管理委员会,威尔士学学历管理、教学大纲与评估委员会,苏格兰学历管理委员会,北爱尔兰教学大纲、考试与评估委员会等。此外还有一些法定专业质量认证机构,由法定的行业组织实施、带有行业准入性的课程质量认证,主要是在法律、医学、工程和商科领域。

件；提供建议并告知英国学生事务办公室关于英国高等教育提供者在学位授予权方面的决定。英国政府也改革了对高等教育机构的拨款政策，如2017年引入"卓越教学计划"(Teaching Excellence Framework，TEF)，对教学质量评估标准进行改革，将高等教育经费拨款与评估结果联系，最终目的是保持英国高等教育的影响力，缓解高等教育机构的经费压力。

由此可见，英国高等教育体制独特，延续历史传统，对于办学主体身份以及学位授权审核非常严格，高等教育监管体系非常完备，尤其要成为具有学位授权的办学主体较有难度。不过，对于非学历教育办学就没有这样严格的限制。

(3)办学形式。2018年缅甸投资委员会通令允许外国投资者在缅甸全资投入办学，也可以与缅甸国内投资者合作办学，教授缅甸教育部或相关部门规定的课程或国际课程。[①] 目前，尽管缅甸已对国内外投资者开放了教育投资，但现有法律框架仍未成体系，高等教育法、民办教育相关立法尚未通过，对合作办学的投资总额、外方的投资比例收益等也没有细化的规定。不过，缅甸投资法中规定了外国投资者可享受不动产和税收方面的优惠。例如，投资者享有可续展两次的50年土地租用权，每次可续租10年，共计享有70年土地租用权；根据其投资的地点不同，还可享有3～7年的免税期等。因此，高等院校可以根据办学定位和条件进行办学组织构架，充分利用政策优惠实现办学目的。

由前文所述，柬埔寨高等教育分为学术教育与职业技术教育，前者由教育、青年和体育部管理，后者由劳动与职业技术教育培训部管理。所有能够授予学位的高度教育机构由柬埔寨评估委员会进行评估，学位证书等级的设置和要求由教育部门规定，并成立专门的委员会负责审批及审定国内外大学及各院校所颁发的学位及学历证书。

办学组织形式涉及教育机构的构建和治理方式，对教育机构的营运产生直接影响，需遵守英国慈善法、民商事法规和监管制度。如前所述，传统英国大学和学院依据皇家特许状而成立，是根据章程运行(即皇家许可状)的独立自治实体。根据英国慈善法的规定，英国有不同类型的慈善机构，在行业监管、组织形式、税收优惠等方面有所不同。在英国，高等教育机构多为非营利性质，大多数英格兰和威尔士的高等教育机构依法成为慈善豁免机构

---

① Republic of the Union of Myanmar Myanmar Investment Commission Notification 7/2018, 6 Waning of Kason, 1380 ME (20th April 2018)，第3条。

(Exempt Charities),[①]可以免于慈善委员会(Charity Commission)的注册和监管。2011年慈善法修改,引入了慈善豁免机构行业监管者(Principal Regulator)角色,并规定慈善豁免机构要么受行业监管者监管,要么受慈善委员会监管,但行业监管者无执法权,必须与慈善委员会协同执法。慈善机构的身份需要根据慈善法的规定向慈善委员会提出申请注册。2011年《英国慈善法》严格界定了慈善机构、慈善目的、目的描述。

20世纪90年代后期,英国出现了许多新型私立高等教育机构,分为营利性质和非营利性质。一些私立高等教育机构以担保责任私人有限公司(Private Company Limited by Guarantee)形式设立,其中非营利性机构符合条件的可以申请注册为慈善机构,如白金汉大学(University of Buckingham)和伦敦摄政王大学(Regent's University London)。[②] 一些营利性质的私立高等教育机构多通过私募基金设立的股份有限责任公司运营,其学位授予需要与受学生事务办公室监管、有学位授权的大学合作,例如博夏尔大学(BPP)、格林威治管理学院(Greenwich School of Management)、皮尔森学院(Pearson college)等。[③]

(4)审批要求。根据《缅甸投资法》《缅甸投资法实施条例》,外商在教育领域投资需要提出申请,由MIC进行审批。因此我国高校如果在缅设立分校,需要向缅甸教育部、缅甸投资与公司局申请报批。自缅甸批准开放教育服务投资以来,缅甸已首次批准ILBC(International Language & Business Center)在教育领域的投资项目。

根据《柬埔寨投资法》,投资者必须向柬埔寨发展理事会提交投资申请,以供审查和决定。如果我国高校想要在柬埔寨进行境外办学,在开办前必须事先取得办学许可证,否则将面临高额罚金。相关审批手续则涉及教育、青年和体育部、商务部以及税务部等部门。

英国大学和学院是依据皇家特许状和议会的法令而设立。高等教育机构的设立须根据组织形式向教育主管部门提交办学申请和章程,由英国教育部和枢密院负责批准这些机构章程的设立和变更。

---

① Schedule 3 to the Charities Act 2011。

② https://en.m.wikipedia.org/wiki/Category:Private_universities_in_the_United_Kingdom ,最后访问日期:2018年8月15日。

③ http://www.hefce.ac.uk/reg/gateways/Partnerships/,最后访问日期:2018年8月16日。

(5)课程内容。根据 MIC 的通令,外国投资的各类学校,包括高等教育和职业教育,均需按照教育部和相关政府部门规定的课国际课程进行授课。这说明,一方面,我国高校在缅甸办学的课程需符合缅甸教育部门的规定;另一方面,我国高校在缅甸举办课程还需符合国际课程要求。换言之,我国高校提供的学历教育应该获得国际认可。

在柬埔寨进行办学教育活动,教育机构应当尊重中立的原则。禁止任何政党在教育机构进行政治活动和(或)宣传。高棉语是官方语言,是提供通识教育的公立学校基本课程的主题。提供普通教育的私立学校应设有高棉教育课程,作为其教育课程的基础科目。

(6)其他方面。办学过程还会涉及土地使用、税收、教师职员聘用、学生权益保障的问题,高校应严格依据当地相关法规惯例进行办学。

综上,我国高校在国外无论是独立办学还是合作办学,均需关注该国的教育政策法规,包括公司法、慈善法、税法,以及涉及办学利益相关方的各种法规,如劳动法、消费者法规等。

结 语

我国高等学校境外办学是提升教育国际化水平的有效手段,也是新时代背景下教育服务国家政治、经济、文化、外交政策的重要路径。但是,在跨国环境下,办学是一项要求较高的综合系统工程,涉及众多因素,包括教育主权、历史传统、制度环境、法律规范、资本流动、人力资源、基础设施、能力建设、文化差异、各种风险的研判等方方面面,绝非易事。现阶段,我国高校境外办学还处在初级阶段,需要探索、研究和学习发达国家在跨境办学方面的成功经验和实践。通过考察分析在办学环境宽松的缅甸、柬埔寨和办学环境严苛的英国的相关法律政策,结合我国现阶段境外办学的实际情况,笔者对我国高校境外办学事业提出如下看法和建议:

首先,就境外办学"准出"而言,在国家层面,应尽早出台境外办学专项法律法规,完善机制。当下,国家在政策上十分支持高校赴境外办学,取消了境外办学的审批许可,但是仍需根据现阶段国家的战略和国情统筹谋划境外办学,完善配套。我国境外办学亟待规范化和法治化发展,规范意味着制度,法治意味着保障。目前我国还未有一部有关境外办学法律规章;没有建立境外办学相关监管体系、质量保障和学位认证体制;在办学投入、税收、外汇管理、社会力量参与办学、教师派出、人力资源等许多方面没有相关配套政策;没有

形成相关部门的统筹联动等,这些都不利于保障办学质量、办学声誉以及境外办学可持续发展。

其次,就境外办学"准入"法律主要相关法律问题,办学主体要做足功课。一方面,要根据自身实力和学科特点,科学规划和统筹境外办学。无论是采用独立机构、合作举办项目,还是提供教学资源形式办学,境外办学都是一项高投入、高风险、长期性的工程,高等学校应该科学合理地进行定位和规划。为什么开展境外办学?开展何种形式的境外办学?如何可持续发展境外办学?这些都需要高等院校综合考量自身发展规划、学科专业优势、资源保障、管理能力、办学风险等多方面,确定境外办学目标和定位。以缅甸、柬埔寨和英国办学环境为例,缅甸及柬埔寨显然在外资办学方面开放力度大、范围广,但是面临的是资产成本风险高、人力资源不足、基础设施薄弱、制度规范缺失、法治保障不稳定的风险和挑战;英国对外开放高等教育市场,教育体系严谨、完整,监管机制完善、法制保障全面,办学潜在风险较低,却也意味着办学的门槛高、专业化要求高、风险也更高。因此,高校应慎重境外办学选择,研判风险,明确定位,科学规划。另一方面,要充分了解东道国境外办学准入的法律政策规定,尤其是要了解东道国有关市场准入、办学主体资格、办学形式、审批程序、教学质量保障机制等在设立和实施办学过程中的要求和条件。境外办学涉及的申办风险、财务风险、质量风险、学生教师权益保障的风险的避免得益于对相关国际公约、双边协议和东道国法律的充分了解和研判。笔者建议,决定境外办学的高校对东道国的办学相关法律政策进行尽职调查,就相关各种政策和法律读懂弄通,保障从办学申请、成立到实施整个过程的规范和顺利进行。

最后,为加速和保障我国高校境外办学的进行和实施,应在理论层面鼓励开展境外办学相关问题的研究,同时重视理论与实践的结合,为国家办学机制完善和高校办学工作开展出谋划策。一方面,应做好境外办学重点国家或目标国家制度环境、法律规范、文化传统、办学需求等主要方面的调研工作,如缅甸、柬埔寨及英国,考察其办学法律政策环境,充分了解其办学机制的优缺点,从而有针对性地出台政策支持高校和社会力量开展境外办学;另一方面,也要鼓励调研已经开展境外办学高校的困难、障碍和实践经验,形成公开性的工作指南和指导意见,总结既有的办学成果和反思办学阻力,在国家层面帮助、支持和推动高校境外办学的发展,同时鼓励境内高校之间相互交流境外办学实践经验,共同发展。

中外人文交流及教育合作与“一带一路”法治建设*

陈咏梅** 王淑慧***

摘　要：中外人文交流及教育合作与“一带一路”法治建设之间具有双向互动关系，“一带一路”法治建设为中外人文交流及教育合作带来新的机遇与要求，中外人文交流及教育合作对“一带一路”法治建设发挥着促进作用。我们在认识到目前中外人文交流及教育合作的成就与不足之时，应当在扩大中外人文交流及教育合作的过程中推进“一带一路”法治建设，打造合作办学专业特色，建设“一带一路”法律研究中心，搭建法治建设教师交流平台和学生交流平台，推广“一带一路”法治理念，推动“一带一路”法治建设的可持续发展。

关键词：中外人文交流；教育合作；“一带一路”；法治建设

国家主席习近平于2013年提出共同建设“丝绸之路经济带”和“21世纪海上丝绸之路”两大倡议，即“一带一路”倡议。2015年3月28日，国家发改委、外交部和商务部联合发布《推动共建丝绸之路经济带和21世纪海上丝绸之路的愿景与行动》(简称《愿景》)。《愿景》中明确指出，民心相通是“一带一路”建设的社会根基。传承和弘扬丝绸之路友好合作精神，广泛开展文化交流、学术往来、人才交流合作；扩大相互间留学生规模，开展合作办学，中国每年向沿线国家提供1万个政府奖学金名额；深化沿线国家间人才交流合作。①

---

* 本文系西南政法大学2019年度第一批国际化人文特色智库项目“中外人文交流及教育合作与‘一带一路’法制建设研究”(2019XZGJHZK-21)的研究成果。

** 陈咏梅，西南政法大学国际法学院教授。

*** 王淑慧，西南政法大学国际法学院2018级博士研究生。

① 《推动共建丝绸之路经济带和21世纪海上丝绸之路的愿景与行动》，http://www.ndrc.gov.cn/gzdt/201503/t20150330_669162.html，最后访问日期：2018年8月15日。

中共中央办公厅、国务院办公厅先后印发《关于做好新时期教育对外开放工作的若干意见》《关于加强和改进中外人文交流工作的若干意见》等文件,强调了中外人文交流的重要作用。党的十九大报告也强调加强中外人文交流要以我为主、兼收并蓄,提高国家文化软实力。以教育为主要内容的人文交流,已成为中国"民间外交"最重要的舞台和推进文明交流最深厚的力量。[①]

2018 年 7 月,"一带一路"法治合作国际论坛在北京举行,外交部长王毅指出,我们既要推进"一带一路"基础设施的"硬联通",也要加强"一带一路"规则、标准的"软联通";中国将出资实施"'一带一路'法治合作研修项目",支持"一带一路"沿线国法治能力建设和国际法律人才培养。[②] 法治能力的提升与国际法律人才的培养离不开中外人文交流及教育合作;与此同时,"一带一路"法治建设为中外人文交流及教育合作的发展带来了机遇和挑战,两者之间存在着密切的双向联动关系。

一、中外人文交流及教育合作与"一带一路"法治建设之间的联动关系

(一)"一带一路"法治建设对中外人文交流及教育合作的影响

1."一带一路"法治建设为中外人文交流及教育合作带来机遇

"一带一路"倡议提出以来,得到了国际社会的广泛支持和积极响应,截至目前,已有 100 多个国家和组织参与其中。"一带一路"倡议关系到我国与沿线各国的贸易、投资、知识产权、金融、税收、争端解决等各个领域,但由于"一带一路"倡议跨越不同的地域,沿线国家具有不同的经济发展阶段、不同的文化背景、不同的法律制度,再加上利益诉求的多元化以及宗教等因素,使得沿线各国之间的法治合作面临着巨大的挑战。然而,推动"一带一路"建设不仅需要加强能源、交通、城市等基础设施建设的"硬联通",更需要加强规则制度及法治理念的"软联通"。因此,中外人文交流及教育合作是促进政府外交发展的重要途径。在与"一带一路"沿线各国进行人文交流及教育合作中加强法治建设合作,有利

---

① 习近平代表第十八届中央委员会于 2017 年 10 月 18 日在中国共产党第十九次全国代表大会上向大会作的报告(简称"十九大报告"),2017 年 10 月 18 日。

② 伍岳、温馨:《"一带一路"法治合作国际论坛在京开幕》,载于《人民日报》2018 年 7 月 3 日第 3 版。

于共同打造开放包容、公开透明、平等互利的国际合作平台。以法治引领“一带一路”建设，不但能够提高中国在“一带一路”沿线国家的政治影响力和经济合作力，同时也能够为“一带一路”建设提供有力的支撑和保障。在“一带一路”法治建设的需求下，高校肩负着重大的责任。高校应当借机充分发挥中华文化的影响力，并在文化交流与传播过程中，积极推进法治教育与合作，以“一带一路”法治建设为新契机，形成法治教育对外开放的新格局。

2.“一带一路”法治建设对中外人文交流及教育合作提出新要求

“一带一路”建设筑起了对外开放的新篇章，急需一批专业素质高、创新能力强的国际化复合型人才。为了促进沿线国区域经济繁荣和良好合作，首先需要解决经贸方面可能存在的障碍。而“一带一路”沿线国家不同的社会制度、风俗习惯、法律制度在一定程度上将阻碍区域内的自由贸易发展，如通关不便利、信息不透明等各色贸易壁垒，投资争端救济难以实现、环保和劳工纠纷涌现等可能阻碍“一带一路”倡议实施的问题。因此，加强各国文化联通，培养与“一带一路”建设需要相契合的高素质法律人才迫在眉睫，这为中外人文交流及教育合作提出了新要求。为了应对这一新要求，高校需要考虑在中外人文交流及教育合作中如何发挥作用，例如，围绕“一带一路”法治建设中可能出现的问题，在中外合作办学中调整相关专业与课程。“一带一路”法治建设对高校师资队伍也提出了新的要求，教师需要不断提升自身在“一带一路”法治教育方面的教学素养和教学能力。另外，“一带一路”法治建设对中外人文交流及教育规模、教育资金的投入和政策支持等也提出了新的要求。所有“一带一路”法治建设的参与者都需要在法治建设的理念下，在不断创新和完善的过程中推进中外人文交流及教育合作的发展。

(二)中外人文交流及教育合作对“一带一路”法治建设的作用

1.推进“一带一路”法治文明互通与融合

“一带一路”沿线各国法律文化类型丰富多彩，各具特色，具有中华法系、伊斯兰法系、欧陆法系、普通法系等不同的法律文化类型。[①] 由于不同的文化背景，风俗习惯，宗教因素，政治因素等，不同法系之间差异大，甚至同一法系内部文化也不尽相同。但各国对正义、秩序、公平、效率的追求却是相同的。因此，首先，我们可以通过积极推进中外人文交流及教育合作，营造良好的法治大环境，

---

① 赵大程：《加强法律文化交流合作推动“一带一路”法治文明融合共通》，载《人民法治》2017 年第 9 期。

让法治文化“走出去”;其次,准确把握“一带一路”沿线国家的法律文化,避免因法治文化差异带来的弊端和损失;再次,通过加强中外文化交流及教育合作,促使各国尊重和理解他国的法治现状和治理体系,发挥各自的优势,求同存异,消除因法律文化差异带来的隔膜,推动“一带一路”法治建设超越冲突与差异,最终实现法治文明的互通与融合。

2.为“一带一路”法治体系创新提供智力支持

“一带一路”法治体系创新主要包括国际法创新和国内法创新。在“一带一路”建设中,高校通过加强中外人文交流及教育合作,可以培养与“一带一路”发展需要相符合的法治人才,从而为“一带一路”法治建设提供智力支持。通过培养的人才,希望能够较为深入地了解“一带一路”沿线各国在贸易往来、金融投资、基础设施建设等方面的发展形势,以及亟待解决的问题。作为法治文明融合的使者,通过中外人文交流及教育合作培养的人才不但能够促进中国与沿线各国双边、区域自由贸易与投资协定的签署,使“一带一路”沿线各国共同参与“一带一路”新国际秩序的构建,并发挥各自的话语权,而且有利于各国国内法的更新,推动各国国内出台与“一带一路”建设相适应的经贸法律,并在涉外民商事制度与司法合作方面进行创新,让国内法与国际法相互衔接,共同为“一带一路”国际治理提供坚实的法律制度保障。

3.推进文化共识、促进中外政治互信

随着中国经济的高速发展,“中国威胁论”“强国战略”等言论充斥国外媒体,西方反华势力甚至将中国的崛起“妖魔化”。在“一带一路”沿线的落后国家和地区,科技不发达,信息交流不畅通,在民间可能还存在着对中国的敌视态度,在一定程度上将阻碍“一带一路”建设的发展。加强中外人文交流及教育合作,加强法治传播、法治建设,有利于推动政治互信。我们相信,虽然“一带一路”沿线各国之间的法律制度不尽相同,但追求公平正义、法律面前人人平等以及在对权力的监督和制约要求等方面,各国具有共识。如果我们能够弘扬法治精神,以“治世不一道,君子和而不同”等开放包容的态度去寻求法治的共识,那么,可以用深刻的法治共识来化解可能的政治风险。

由此可见,中外人文交流及教育合作与“一带一路”法治建设之间具有双向互动关系,前者对后者的建设发挥着重要的作用,而后者对前者具有方向性的指引并提出了新的要求。实际上,在“一带一路”倡议的背景下,中外人文交流及教育合作已经取得了可喜的成就。

二、“一带一路”背景下中外人文交流及教育合作的成就

(一)在“一带一路”沿线国家创办中外合作办学机构

“一带一路”建设工程体系庞大,涉及面广,无论是在抽象理论思想构建方面还是在具体建设内容方面,都需要加大创新力度,培养高素质人才,扩大开放范围。正如党的十九大报告指出的那样,以教育为主要内容的人文交流,已成为中国“民间外交”最重要的舞台和推进文明交流互鉴最深厚的力量。根据2018年教育部中外合作办学监管工作信息平台公布的数据统计,截至2018年6月,中外合作办学机构和项目共有2342个,其中本科以上机构和项目1090个。① 高校境外办学是中国高等教育“走出去”与国际接轨,推动“一带一路”法治建设与中外人文交流的重要途径。目前,全国21个省、直辖市、自治区共有84所高校开展境外办学机构和项目128个。② 国内高校境外办学主要有三种形式:一是中方高校海外独立办学,例如厦门大学马来西亚分校;二是中外联合办学,主要采用“X+X”办学形式,如清华大学全球创新学院;三是境外政府、企业或组织提供办学条件,中方相对独立进行教育教学管理,如北京语言大学东京学院等。③

(二)与“一带一路”沿线国家开展中外联合培养项目

2007年国家留学基金委启动“国家建设高水平公派研究生项目”,为中外联合培养的发展插上了翅膀。中外联合培养是“一带一路”人文交流的重要途径,主要依托国外高校以及科研院所等教育机构的优秀教育资源,先进的教学体系,雄厚的师资力量,培养与国际接轨的高科技人才。中外联合培养主要包括联合培养教师和联合培养硕博专业人才,后者占多数。“一带一路”倡议以来,高校已与“一带一路”沿线国家掀起中外联合培养高素质人才的热潮。例如,在

---

① 《教育部终止234个本科以上中外合作办学机构和项目》,新华网转载,http://www.xinhuanet.com/2018-07/04/c_1123079772.htm,最后访问日期:2018年8月15日。关于中外合作办学机构与项目的具体名单,可参见教育部中外合作办学监管工作信息平台:http://www.crs.jsj.edu.cn/index/sort/1006。

② 姜泓冰:《高校境外办学研讨会举行》,载《人民日报》2018年7月4日第12版。

③ 姜泓冰:《高校境外办学研讨会举行》,载《人民日报》2018年7月4日第12版。

《2018年国家建设高水平大学公派研究生项目录取结果确定》中显示，共有9623人获得公派资格，[①]其中不乏前往“一带一路”沿线国的学生。

(三)组建“一带一路”中外高校联盟

为推进中外人文交流及教育合作，2015年10月17日，“‘一带一路’高校战略联盟”成立。“‘一带一路’高校战略联盟”是由“一带一路”沿线8国的多所高校组成，包括中国的复旦大学、兰州大学，俄罗斯的乌拉尔国立经济大学，韩国的国立釜山大学等共计47所大学。[②] 其目的是探索跨国培养与跨境流动的人才培养新机制，培养具有国际视野的高素质人才，为“一带一路”沿线各国搭建起教育信息与学术资源的共享平台，以此加强沿线国高校间的协同创新。“‘一带一路’高校战略联盟”倡议沿线各国建立国际联盟智库，推动沿线各国大学间在教育、科技、文化等领域的全面交流合作，共同打造具有“一带一路”特色的高等教育共同体。

(四)提供“一带一路”留学资金和政策支持

“一带一路”倡议实施以来，一方面，我国不断加大来华留学支持力度，设立“丝绸之路”中国政府奖学金项目。该奖学金共计1万个新生名额，并向“一带一路”沿线国家和地区倾斜，形成国家、地方与高校三级奖学金网络，以此激励“一带一路”沿线各国和地区的学子来华留学。据统计，2016年“一带一路”沿线国家留学生获得奖学金的比例超过60%。[③] 另一方面，我国持续加大对中国学生到“一带一路”沿线国家留学的支持力度，2012年以来，我国共有35万多人赴“一带一路”沿线国家留学，其中国家公派的人员共有1.19万人。[④] 2017年我国出国留学总人数超过60万，国家公派出国留学全年派出3.12万人，分赴94个

---

① 《2018年国家建设高水平大学公派研究生项目录取结果确定》，http://www.csc.edu.cn/chuguo/s/1259，最后访问日期：2018年8月15日。

② 《兰大等47所中外高校共建“一带一路”高校战略联盟》，新华网转载，http://www.xinhuanet.com/local/2015-10/18/c_1116856039.htm，最后访问日期：2018年8月15日。

③ 《教育部：2012年以来我国共有35万多人赴“一带一路”沿线国家留学》，新华网转载，http://www.xinhuanet.com/2017-05/11/c_1120958024.htm，最后访问日期：2018年8月13日。

④ 《教育部：2012年以来我国共有35万多人赴“一带一路”沿线国家留学》，新华网转载，http://www.xinhuanet.com/2017-05/11/c_1120958024.htm，最后访问日期：2018年8月13日。

国家；访问学者1.28万人，占派出总数的41.17%；硕博研究生1.32万人，占42.29%；赴“一带一路”沿线国家的留学生6.61万，比2016年增长15.7%，其中公派3679人，分别派往“一带一路”沿线37个国家和地区，增速超过整体出国留学的速度。① 此外，在促进双向留学政策联通方面，目前我国已与46个国家和地区签订了学历学位互认协议，其中“一带一路”国家有24个，进一步强化了我国与“一带一路”沿线国家教育之间的互联互通与合作。②

（五）建立国别和区域研究培育基地和中心

为推进中外人文交流及教育合作，促进“一带一路”国家民心相通，2016年7月教育部印发了《推进“一带一路”教育行动》，提出关于开展国别区域问题的研究。我国已设立42个国别和区域研究培育基地，同时备案394个国别和区域研究中心，基本实现了国别和区域问题研究的全覆盖。③ 例如，2017年7月，西南政法大学东盟研究中心获批教育部国别和区域研究中心称号。目前，这些中心和基地共发布141项国别和区域问题的指向性课题，有70项涉及到“一带一路”沿线国家，涵盖“一带一路”46个沿线国家。此外，各中心和基地还设立了研究智库的课题报告，共涵盖“一带一路”66个沿线国家。④ 国别和区域研究的发展为“一带一路”建设提供了智力支撑，同时吸引了优秀的教育资源来推进中外人文交流及教育合作。

在肯定中外人文交流及教育合作已经取得可喜成绩的基础上，我们也应当充分认识到目前仍然存在的不足，尤其是在关涉“一带一路”法治建设方面的不足。

---

① 《2017年出国留学、回国服务规模双增长》，http://www.moe.gov.cn/jyb_xwfb/gzdt_gzdt/s5987/201803/t20180329_331771.html，最后访问日期：2018年8月15日。

② 《我国已与24个“一带一路”国家签订学历学位互认协议》，人民网转载，http://edu.people.com.cn/n1/2017/0420/c1053-29222991.html，最后访问日期：2018年8月15日。

③ 王洹星：《中外教育交流打开新局面　服务“一带一路”建设取得新进展》，国际在线（中国一带一路网转载），https://www.yidaiyilu.gov.cn/xwzx/gnxw/29702.htm，最后访问日期：2018年8月15日。

④ 王洹星：《中外教育交流打开新局面　服务“一带一路”建设取得新进展》，国际在线（中国一带一路网转载），https://www.yidaiyilu.gov.cn/xwzx/gnxw/29702.htm，最后访问日期：2018年8月15日。

三、"一带一路"背景下中外人文交流及教育合作的不足

(一)境外办学数量有限

如前所述,目前中国到境外合作办学机构和项目涵盖全国 21 个省、直辖市、自治区,全国 84 所高校参与境外办学机构和项目共计 128 个。据另一项调查,在"一带一路"沿线的国家中,有 14 个国家在境外建立了 58 所海外分校。其中,排在前四位的国家分别是俄罗斯(22 所)、印度(6 所)、马来西亚(4 所)、中国(4 所)。[①] 中国的 4 所高校分别为老挝苏州大学(2011 年批复设立)、厦门大学马来西亚分校(2013 年批复设立)、云南财经大学曼谷商学院(2013 年批复设立)、北京语言大学东京学院(2014 年批复设立)。由此可见,中国的境外办学主要以项目为主,海外分校数量仍然有限。

(二)专业设置对"一带一路"法治建设贡献不大

首先,"一带一路"合作办学专业结构设置偏向于艺术类、工学类、管理类等专业,与"一带一路"法治建设所需的人才需求契合度不高,在一定程度上影响了"一带一路"法治教育的规模。其次,中外合作办学中,高校根据自身发展战略进行的专业结构设置还有待提高。不少专业的设置并非完全立足于学校自身的资源优势或者学科优势,而是注重如何能扩大招生规模,以开拓就业渠道等方式来博人眼球,吸引合作项目,更多地追求短期影响而忽略了持续发展,从而出现同类专业累积、创新力度不足、发展层次不高等现象,对"一带一路"法治建设教育的贡献不大。

(三)"一带一路"法治建设师资队伍有待加强

"一带一路"倡议下,不断加强师资水平,引进国内外优秀师资队伍参与"一带一路"法治建设是推进中外人文交流与法治建设的重要途径。然而,国内教育设施落后、行政色彩浓厚,教育政策与发达国家相比差距大,难以引进国外的优秀教育资源和师资队伍。而发达国家利用良好的科研平台和优渥的薪资待遇来吸引国内优秀教师,造成优秀师资队伍的单向流失。

---

① 张瑞芳:《"一带一路"沿线国家境内海外分校发展现状研究》,载《世界教育信息杂志》2017 年第 20 期。

在认识到目前中外人文交流及教育合作存在的不足的前提下，我们有必要进一步思考推进中外人文交流及教育合作与“一带一路”法治建设的对策。

四、推进中外人文交流及教育合作与“一带一路”法治建设的对策建议

(一)继续扩大中外交流与合作，持续开展中外合作办学

首先，坚持中外合作办学“引进来”和“走出去”相结合的发展原则。国内高校在引进国外优质教育的同时，可以向“一带一路”沿线国家和地区输出中国的文化和教育，尤其是“一带一路”法治建设的相关教育。推广“一带一路”建设的法治文化，让国内文化与国外文化互通有无，从而实现输入与输出的双向流动。这样不但可以满足“一带一路”建设的人才需求，也可以提升中国的国际影响力和认可度。其次，拓宽“一带一路”中方中外合作办学的地域分布，加大对中西部地区的教育投入。中西部地区高校则要发挥自己的地缘优势，结合自己的整体实力，积极探索与周边“一带一路”沿线国家开展合作办学的交流模式，吸引优质学生来华留学。再次，鼓励我国普通高校和民办高校在具备条件的情况下走出国门，到“一带一路”沿线国家开展境外办学，建立境外分校或合作项目。最后，不断加强专业人才的频繁互动与交流，提升我国高校国际化的办学能力，进而促进我国高等教育自身水平的提高。

(二)加强合作办学专业特色，推动“一带一路”法治建设

在推进“一带一路”中外合作办学过程中，高校要明确人才培养的方向与“一带一路”建设需求相契合。学科专业布局方面，我国本科及以上中外合作办学项目中，工学约占 37%，管理学约占 26%，两者合计约占 63%，而法学、历史学均在 2%以下。[①] 承办中外合作办学的机构要有长远的谋划，需打破现有的学科分类布局，“因地制宜”进行专业调整、课程改革。首先，在工程研究、资源开发、电子技术等重点合作项目中，高校要结合自身的传统优势与资源，开发一批对外有吸引力的特色品牌专业，为沿线各国培养当地迫切需要的技

① 张烁：《中外合作办学如何提质增效(教育眼)》，载《人民日报》2017 年 12 月 7 日第 18 版。

能型人才。其次,为了使"一带一路"在法治的轨道下良好运行,在中外合作办学中加强"一带一路"法治教育,一方面,对我国"一带一路"相关法律和政策进行普及教育,另一方面,组织力量深入研究"一带一路"沿线国家的相关法律法规。具体来说,可以在来华留学交换等项目中,设置专题课程,具体讲授"一带一路"法治理论与实务,展示中国"一带一路"的倡议和内涵,促进中外人文交流,弘扬法治合作精神,夯实"一带一路"建设的法治基础;对中外合作办学的中方出国留学学生,要求其学习"一带一路"沿线国相关文化背景、社会实践、法律知识等课程,并可以考虑与当地的中资企业或当地企业进行联合培训、实习,进行校企合作。总之,在合作办学过程中,适时培养和培训"一带一路"沿线国家所需的法治人才,培养能够满足沿线各国需求的具备良好理论基础和实践能力的各类人才,更好地服务于"一带一路"倡议的共建。

(三)建设"一带一路"法律研究中心,充分发挥高校智库作用

成立中外人文交流及教育"一带一路"法律研究中心,并加强对中心的建设投入,让中心的教师和学生参与到"一带一路"法治建设的社会法律咨询活动中,充分发挥高校的高端人才优势。围绕"一带一路"沿线国家政治、经济、法律制度、基础设施、投资金融等开展大数据研究,与"一带一路"沿线国家、高校、智库开展交流合作。加强重大课题和高水平研究的投入,更好地发挥智库的作用。与全国其他 23 家中外人文交流研究中心共同服务于人文交流和教育对外开放工作,为国家推进"一带一路"倡议提供决策参考,为企业参与"一带一路"建设提供信息服务,为"一带一路"建设打好"理论研究、人才培养、人文交流、平台建设"四大攻坚战。

(四)搭建教师交流平台,培育"一带一路"法治建设师资队伍

高质量的师资队伍是实现中外人文交流及教育合作的关键。中外人文交流及教育的师资队伍要不断更新知识和教学理念,提升教学能力和素养,与先进的国际教育水平接轨。一方面,积极培育"一带一路"法治建设的师资队伍,给予政策支持和全局引导,鼓励教师承担"一带一路"法治建设相关的国际合作项目和国际组织资助的项目,关注新主题、新方向的发展,定期组织教师参加境内外各种形式的培训、研讨、讲座、访学以及教学评估等活动,全面提升教师推广"一带一路"法治建设的自身软硬实力,开拓关于"一带一路"法治建设的理论前沿;另一方面,加大高校人才引进力度,吸引有丰富教育和实践经验的中外专业教师在合作办学、联合培养等项目中任教,定期举办关于"一带一

路”法治建设研讨会、交流会、学术论坛以及高峰论坛，使中外优秀教师学者形成师资合力，思维聚焦，取长补短，增进文化认同，更好地培育“一带一路”建设所需人才。

（五）拓宽学生交流平台，不断优化“一带一路”法治教育模式

学生是“一带一路”法治建设的后备力量。因此，我们需要不断拓宽“一带一路”法治建设学生交流平台，创办“一带一路”法治建设主题的暑期夏令营、交换生、短期访学、海外实习等项目，鼓励学生出国留学，给学生提供双向的学习机会和条件，体验不同国家和地区的法治教育理念。此外，高校的国际交流与合作也可通过组织有关“一带一路”的学术交流活动，如“一带一路”法治建设讲座等，让学生在校园里体会思想和文化的碰撞与交流；在教学的模式上，不断优化授课方式，让学生上课不再局限于老师讲、学生听的“满堂灌”的传统模式，而是采用“产学研”相结合的教学方式；在教学媒介上，充分利用微信、微博等大学生熟知的多媒体平台开展慕课，以此传播古今丝绸之路法治理念与实践，增加学生上课形式的多样性，培养学生专业兴趣；充分利用学生的课余时间，通过竞赛、社团活动等形式提供“一带一路”法治建设的交流和教育平台。

（六）利用各种合作平台，推广“一带一路”法治建设理念

截至 2017 年 6 月，在全球 140 个国家和地区共建立了 512 所孔子学院，1074 个中小学孔子课堂，其中，在“一带一路”沿线有 51 个国家设立了 135 所孔子学院、129 个孔子课堂。[①] “孔子学院和孔子课堂是中国语言和文化传播机构，是中国实施对外文化战略和提升文化软实力的有力载体。依托国家在“一带一路”沿线国家设立的孔子学院、孔子课堂，向其输送“一带一路”法治建设教师和法治理念宣传志愿者，举办“一带一路”法治教育、丝路文化和丝路精神等主题的讲座或活动，服务国家“一带一路”法治建设文化交流及教育要求，并密切高校间的联系，共同主办、承办系列活动，推动“一带一路”法治建设理念“走出去”，提升我国“一带一路”法治建设理念的影响力。

---

① 《数据看变化・教育对外开放情况》，http://www.moe.gov.cn/jyb_xwfb/xw_fbh/moe_2069/xwfbh_2017n/xwfb_20170928/sfcl/201709/t20170928_315527.html，最后访问日期：2018 年 8 月 15 日。

(七)加大资金投入与政策支持,推动"一带一路"法治建设可持续发展

尽管中国每年向"一带一路"沿线国家留学生提供1万个政府奖学金名额,但"一带一路"沿线国家大部分是发展中国家,相对贫穷落后,出国留学成本高。对于"一带一路"沿线国家的20多万留学生而言,当前政府奖学金金额和名额不可避免地存在一定的局限性。因此,在有条件的情况下,可以考虑适度加大国家资金和政策的支持力度,但同时需要完善资助的激励体系。一方面,在现有的政策基础上,继续支持"一带一路"沿线国家学生来华留学,同时还可考虑教育部联合有条件的地方政府共同出资,提供"一带一路"法治教育资金和政策支持;另一方面,制订奖学金评比细则,重点资助优秀留学生,也就是说,我们不但要考虑留学生的数量,更要考虑留学生的质量,优秀留学生更有可能成为"一带一路"沿线国法治建设的后备力量,更有可能为"一带一路"法治建设添砖加瓦。在完善资助激励体系的前提下,使中国推动的"一带一路"法治建设向可持续的方向发展。

结 语

"一带一路"倡议的实施将以文化软实力做支撑。中外文化交流及教育合作是加快"一带一路"法治建设的重要途径,法治建设是"一带一路"建设的重要制度保障。以中外文化交流及教育合作为切入点,中国应在持续开展的中外合作办学过程中,进一步打造专业特色,为"一带一路"沿线国教师和学生搭建沟通平台,构建"一带一路"法律研究中心,不断发挥智库作用,加大教育投资与政策扶持,推动"一带一路"法治建设的理念。通过中外文化交流及教育合作,增进我国与"一带一路"沿线各国人民的感情沟通与交流,有利于实现中国与各国间的"民心相通",达成文化共识,用中外人文交流来推动"一带一路"法治进步,用法治来引领、保障"一带一路"建设。

专题三

国别教育制度研究

日本中曾根政权期的教育改革*

——《教育审议会设置法》与教育行政的简政放权

梅　竹**

摘　要：日本首相中曾根康弘于1982年当选后，旋即启动了对日本教育体制的改革。通过颁布《教育审议会设置法》成立了教育审议会这一推动教育改革的直属机构，并致力于教育行政的简政放权，以期在21世纪延续日本教育的成功。本文以教育审议会的改革工作为重点，通过对中曾根首相教育改革理念和教育审议会审议经过的梳理，揭示了教育审议会与文部省传统精英官僚集团之间的深层矛盾，在对中曾根首相教育改革的意义和教训进行总结的基础上，也反驳了认为其教育改革并不成功的观点，肯定了中曾根改革在日本教育史上的地位和贡献。

关键词：中曾根康弘；教育改革；教育审议会；简政放权

一、中曾根首相对教育改革的理念

昭和五十七年(1982年)10月，日本时任首相铃木善幸向行政管理厅长官中曾根康弘暗示自己即将辞职，并让其作好接任首相的准备。随即中曾根康弘便组织自身班底迅速制定了《新政权政策大纲》，以作为自身政权施政的长期指导方针。在《新政权政策大纲》中，中曾根康弘针对教育行政领域提出了教育改革和建设文化国家的两点方针。这两点方针也成为新政权政策体系中

---

* 本文系西南政法大学中外人文交流及教育涉外法律研究中心的研究成果，项目编号为2019XZGJHZK-03。

** 梅竹，博士，西南政法大学外语学院讲师。

占据极其重要位置的中长期战略规划。

中曾根康弘在《新政权政策大纲》中,使用了许多富含情感表现的词汇,如"心心相印的政治""润物细无声般的政策实施""洋溢着礼仪和爱的庄重社会""自由化、多样化、简素化的时代""强大与温柔,眼含热泪的政治""现实理想主义""我的政权没有暂定"①等,以表现自己新政权的政治理念。这些理念无一不与教育改革和文化国家的建设有着深切的关联。

在具体阐述新政权政治理念的政策纲领部分,中曾根针对教育改革,提出日本要建立丰富多样的文化和教育体系,以应对21世纪的变革。还提出要在责任与沟通的基础上,进一步充实日本的议会制民主政治体制;基于自由和团结,推动国际合作事业向前发展;对日美关系和日本与各发展中国家的关系,要尤为重视等政策,以使日本的战后政治体制能更加完善,便于执行好各项既定方针政策,为教育改革的完成提供坚实的政治基础。

在中曾根《新政权政策大纲》各项政策的分论部分,有一项具体政策极为引人注目,即中曾根提出要对现行学制实施学制改革,以实现学制的自由化。具体内容为:"六·六制"、缩短学年时长、允许跳级、教育税制改革、入学考试自由化、成立专修学校、大学课堂对公众开放、鼓励私人办学等。紧随其后,中曾根还附录了一系列统计数据,针对战后日本经济社会的变化,社会对日本的教育体系提出了哪些新要求,以及教育体系应该如何回应这些要求,明确表达了自己的看法。这些统计数据为:高中升学率94.3%、大学升学率36.9%、钢琴入户率16%、手风琴入户率20%、小提琴入户率3%。②

学制自由化是对战后日本教育制度的彻底改革,同时也意味着教育改革已经到了刻不容缓的地步。所谓"六·六制",是指将战后日本教育体系由小学六年、初中三年、高中三年、大学四年的"六·三·三·四制"变更为初高中一贯六年制的改革,将高中阶段也纳入了义务教育体系。其他如"缩短学年时长、允许跳级、教育税制改革、入学考试自由化、成立专修学校、大学课堂对公众开放、鼓励私人办学"等措施,也都属于教育行政领域的简政放权改革。之后在作为教育改革具体实施机构的教育审议会所推动的教育改革中,对引起国民巨大争议的"教育自由化"政策的基本思考,早在中曾根首相的《新政权政策大纲》中,就已经有所体现了。

---

① [日]中曾根康弘:《新的保守理论》,山川出版社1979年版,第98页。

② 《日本教育新闻》,1982年12月3日。

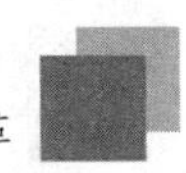

在《新政权政策大纲》的最后部分"思想与哲学"一节中，中曾根首相再次阐述了其对"学制自由化"和"教育自由化"的基本理解。"问题是如何保障并尊重个人的自由与创造性，如何在议会制民主体制的框架下和平实现国民的总意愿""政治的最终目的在于服务文化，要尊重自由，政治决不能越权干涉宗教和学术研究""人格主义、人间主义是我的基本信念，这在东方被称为《大学》之道，在西方则可用康德的名言'头上的星空与心中的道德法则'来概括""国家是丰富国民生活，守护传统文化，维护世界和平，促进文明交流的有力基础"[①]等表述，已经清晰地传达了中曾根首相对教育改革的理解。

由此可知，中曾根首相早在其政权成立之初，就将对战后日本教育体制的改革列为其任期内的主要课题之一，统称为"面向21世纪的教育改革"，并在内阁机构设置，担当人员调配，法律法规配套等方面，做好了相应的准备。

二、教育审议会的成立

中曾根康弘于昭和五十七年(1982年)11月27日正式接替铃木善幸，当选新一任日本首相。同年12月3日，中曾根首相在第97次通常国会上发表了新政权的首次施政演说，提出了两点政治目标。第一，要为日本经济的平稳发展提供和平的国内外环境并进一步健全日本的民主主义政治体制。第二，将日本建设为充满文化气息的高福利国家。为实现以上两点政治目标，中曾根首相还提出了行政改革、财政改革，稳定经济，改善日本的对外关系等一系列具体的政策课题。在此次施政演说中，对如何推进教育改革，中曾根首相并没有直接提及。

如前文所述，早在政权成立之初的《新政权政策大纲》中，教育改革就已经成为中曾根首相的施政重点。那为何在对新政权极为重要的首次施政演说中，中曾根首相却并没有直接提及教育改革呢？其理由有二：首先，刚成立不久的中曾根政权，必须将自身主要政治能量集中在最难啃的行政改革和财政改革上，如果政权的发力点从一开始就过于分散，其实并不利于各个击破，从而妨碍各项施政方针的有序展开。其次，教育改革作为新政权的施政重点，必须在中曾根首相巩固好自身政权基础并作好充分事前准备的前提下才可以正式实施。中曾根首相对各项政策的实施顺序，应该有着清晰明确的战略规划，如果行政改革和财政改革的诸项举措能够顺利实施，在此基础上再着手教育

① ［日］中曾根康弘：《新的保守理论》，山川出版社1979年版，第113～115页。

体制改革,对新政权来说无疑是更为保险的。

果然,在昭和五十八年(1983 年)6 月,中曾根首相就成立了直属于首相府的政策咨询机构"文化与教育恳谈会",并以该恳谈会为基础,接受社会各界对教育改革的政策建议,开始切实准备关于教育改革的实施方案。同年 12 月,为应对第 37 次众议院议员选举,中曾根首相在地方城市鹿儿岛市发表了对教育改革的初步方案,共包括对"六・三・三・四制"的学制改革,对传统升学率、就业率考核标准的修改,改革大学入学考试制度等七条构想①。

鉴于行政改革和财政改革的顺利推进,昭和五十九年(1984 年)2 月 6 日,在第 101 次通常国会的施政方针演说中,中曾根首相终于正式公布了任期内教育改革的实施方案。在题为"构筑 21 世纪的基础——三大改革的推进"的施政方针演说中,紧随行政改革和财政改革,中曾根首相对如何推进教育改革提出了自己的方案。"当今社会舆论对教育改革的实施方案讨论已久。不可否认,战后我国的发展与繁荣,是优秀的教育制度下各行各业涌现出大量人才的结果。然而这样的教育制度,是在明治维新以来我国拼命追赶并力图超越西方发达国家的时代背景下成立的。时至今日,随着校园暴力行为,青少年犯罪行为的激增,已经越来越显示出改革的必要。传统的教育制度,对学校教育过于依赖,而对家庭教育和社会教育,则缺乏从宏观视野下的综合审视。教育是国家百年大计,切忌急功近利,然而私以为,面对即将到来的 21 世纪,对现行教育制度进行彻底改革的时机已经到来了。""今后教育改革的方向,应力求教育制度、教育内容的多样化和弹性化,对家庭教育和社会教育要更加重视,尊重学生个性,鼓励课外实践体验,倡导对学生健全人格的引导。要尊重受教育一方选择的自由,探索综合的,人性化的教育方式。当今日本正在加速融入国际社会,要追求教育国际化,以培养出更多适应时代发展的国际化人才。"②

从以上发言可以看出,中曾根首相提出的教育改革方案,是对传统教育理念,对以"六・三・三・四制"为代表的教育制度、教育内容、教师资质、入学制度、家庭和社会教育等全方位多角度的改革,是对传统教育过于偏重智育,忽略德育,对教育的道德性和社会性重视不够,缺乏对学生丰富个性和创造力的尊重,缺乏以人为本,人格主义教育理念的纠正。在施政方针演说的最后部分,中曾根首相提出要设立直属于内阁首相府的调查审议机关,以指导应对今

---

① 《朝日新闻》,1983 年 12 月 18 日。

② [日]中曾根康弘:《中曾根康弘演说集》,世界平和研究所发行 1995 年版,第246~248 页。

后的教育改革，这就是后来在中曾根首相任期内具体承担教育改革重任的“教育审议会”。

在中曾根首相的直接指示下，同年3月27日，《教育审议会设置法》由文部大臣向国会提出，经众参两院议员漫长讨论并最终通过后，于8月8日向社会公布。这标志着教育审议会的成立获得了法律保障。在《教育审议会设置法》第1条中，就审议会的设置目的作出规定：鉴于教育适应社会变化及文化发展的紧迫性日益提升，遵照《教育基本法》的精神，为实现教育基本法规定的教育的最终目的并对各项施策予以必要的改革，故成立直属于首相府的教育审议会。针对教育审议会的具体职责范围，《教育审议会设置法》第2条规定：为应对内阁总理大臣的询问，本审议会将对教育及其相关领域的各项政策，进行广泛、综合的审视，对与必要改革举措相关的基本事实情况予以调查审议。8月21日，《教育审议会设置法》经公布后正式实施，审议会的各下属职能部门也随之组建，冈本道雄被任命为首任会长。因设置期间为3年，教育审议会的工作一直持续到昭和六十二年(1987年)8月20日为止。

三、教育审议会的审议经过

教育审议会于昭和五十九年(1984年)8月21日正式成立，9月5日便在首相官邸召开了第一次全体会议。在中曾根康弘首相、藤波孝生内阁官房长官、森喜朗文部大臣等内阁要员的见证下，冈本会长率审议会全体会员悉数出席了会议。

中曾根首相在会前发言时强调：“本审议会的成立宗旨，在于以广阔的视野展望未来之基础上，对教育及其相关领域的各项政策，予以充分的审议。政府会对审议会提出的各项政策建议予以最大程度的尊重，并倾尽一切努力将其落实到位。”中曾根首相的发言是对审议会工作的巨大支持，使审议会各委员对现行教育制度的各项改革举措能够大胆地建言献策，对内阁大臣和文部省官员也起到了良好的政策引领作用。中曾根首相接下来说：“战后我国的教育体系快速发展，取得了很大成绩，这是不容否认的。但近年来随着社会的急剧变化和教育规模的扩大，也出现了各种各样的问题。同时，伴随着产业结构的变化，信息化社会的发展，公民对终身学习机会的期待和各行各业的国际化趋势，社会各界对我国的教育体系也提出了新的要求。”“面对即将到来的21世纪，为把我国建设成为充满活力和创造力的现代社会，希望各位委员立足于我国教育的现状，准确把握存在的问题，遵循教育基本法的立法精神，提出必

要的改革课题,规划改革的基本方案,以回应社会和时代对教育改革的期待。"[①]

审议会于9月14日召开了第二次全体会议,对会议的组织、议事程序、意见的搜集等作出规定,并讨论了《教育审议会议事规则》。在9月27日召开的第三次全体会议和10月4日召开的第四次全体会议上,各委员对教育改革的推进方案等基本课题和审议会的运营方式等进行了充分的讨论。在10月17日召开的第五次全体会议和10月24日召开的第六次全体会议上,审议会邀请相关专家介绍了日本教育制度的历史变迁和最近涌现出的各种问题,随后各委员就讨论事项的整理、分会的设置、全体会议和各分会的关系等直率地交换了意见。在此基础上,在10月31日召开的第七次全体会议上,全体委员对分会的构成和各自的讨论课题进行了审议,通过了各分会的设置方案。11月7日召开的第八次全体会议最终表决通过了《教育审议会运营规则》《分会的设置及审议事项》《运营委员会的设置》等规定教育审议会基本工作方式的一系列条例规章,确定了各分会的会长人选和各委员分别属于哪一个分会等基本事项。由此教育审议会的工作终于走上了正轨。在这些分会中,除了教育审议会的正式委员外,还配备了中曾根首相于昭和五十九年(1984年)12月20日任命的各专门委员,各专门委员到会后由教育审议会会长冈本道雄决定具体的分配。

表1　教育审议会各分会设置及审议事项

分会名	分会长	审议事项	讨论课题
第一分会	天谷直弘	面向21世纪的教育	·对战前和战后教育的评价; ·教育的最终目标; ·教育应如何适应高科技化、信息化、国际化、自由化、老龄化、高学历化的趋势; ·国家和地方对教育的责任分担

① [日]中曾根康弘:《中曾根康弘演说集》,世界平和研究所发行1995年版,第298页。

续表

分会名	分会长	审议事项	讨论课题
第二分会	石井威望	社会教育机能的活性化	·消除学历歧视； ·学习机会的充实和终身教育； ·家庭及社会教育与学校教育的关系； ·教育和文化的国际交流
第三分会	有田一寿	初级中级教育的改革	·初级中级教育的意义和教育内容、教育方法； ·初级中级教育制度
第四分会	饭岛宗一	高等教育的改革	·国立大学、公立大学、私立大学在高等教育中的比重； ·教育科研的基本定位； ·高等教育制度
第三、四分会共同讨论			·学制； ·入学选拔制度； ·教员的培训和资质提升； ·残疾人教育

教育审议会从其成立的经过、背景及目的来看，与以往既有的诸多致力于教育改革的审议会在成立理念、运营方式、审议内容上有明显的区别，是一个高规格、多部门协同的新型审议会。以往的审议会主要由首相府下属各部委主导，如隶属于文部省的中央教育审议会，虽然针对教育体制改革提出了一些自己的方案，但由于涉及其他部委的工作范围和社会方方面面的既成利益格局，在实践中并没有很好地发挥改革引领作用。鉴于此种情况，中曾根首相冻结了中央教育审议会的日常工作，成立了直属于首相府的教育审议会，运用高规格、跨部门、多部委体制等超常规手段，将审议会的日常办事机构直接设置在首相府，就是希望能提升效率，破除各部委之间烦琐的沟通流程，使新的教育审议会能发挥以往各种审议会不曾达到的改革效果。这种大胆的政策转换和简政放权手段，自然引起了文部省官僚系统和教育业界既得利益者的警惕

和抵抗。故此，教育审议会在成立之初的第二次全体会议上，就围绕审议会的运营方式、审议方法、教育改革的理念等具体内容，与各部委特别是文部省的相关官员们展开了激烈的争论，成为日本历史上绝无仅有的“争论型审议会”。①

在教育审议会成立之后的最初阶段，各委员与文部省官员们主要围绕三点议题展开了激烈的争论。第一，就审议会的运营方式，委员们主张打破原有的文部省主导型运营体制，以全体会议为中心通过委员们积极的建言献策，拿出改革无禁区的勇气，制定出面向21世纪教育改革的基本方针。对此文部省官员们主张立足于现状，沿袭既往传统审议会的运营方式，通过设置运营委员会和讨论分会等机构，在官僚体制的框架下向全体国民公开审议会的讨论经过。第二，作为致力于推进教育改革的机构，教育审议会与以往从事行政改革的其他审议会之间是何种关系，也引起了委员们和文部省官员的争论。委员们认为，教育审议会的成立宗旨固然是为了推进教育改革，但与教育改革相关的教育领域的行政财政改革也应列入审议会的工作范围，尤其是包括文部省机构改革在内的文教行政领域的简政放权，是此次教育改革的重要课题之一。对此文部省官员们主张，教育改革与行政改革分属改革的不同领域，在财政制度方面可以逐步推进简政放权，但对教育的行政管理监督不仅不能放松，还应该继续强化。围绕教育领域的行政财政改革，双方发生了激烈的争论。第三，围绕教育改革的基本理念，委员们认为以“六・三・三・四制”为代表的战后日本教育体系，植根于日本模仿追赶西方发达国家的旧时代，虽然培养出了许多人才，为日本现代化建设的成功做出了不可磨灭的贡献，但面对当今社会的剧变，这种集权型、统一型的教育制度已经在方方面面显露出诸多问题，存在由过去的成功沦为“失败的教育体系”的危险，必须马上着手相关改革。对此，文部省官员们认为，日本一直以来的教育制度仍然在成功地发挥着作用，应尽量维持现状，不做大的改动。特别是鉴于欧美发达国家此前的教育改革带来了诸多的社会问题，招致了许多批评，故此次日本的教育改革更应该谨慎行动。

以上这些教育审议会内部对于教育改革的争论，事关教育改革最基本的主题，获得了全体国民的关心。加之委员们为应对传统文部省官僚系统的压力，将讨论事项和经过有意无意地透露给媒体记者，经报道后，自然也引起了

---

① ［日］服部龙二:《中曾根康弘——总统型首相的轨迹》，中公新书2015年版，第241页。

国民层面的大规模讨论。从另一个层面来讲，委员们与文部省官员针锋相对的论战，也反映出社会各行各业草根阶层与传统文部省精英官僚阶层在教育改革上的意见分歧。虽然并非教育领域的专家，但教育审议会的委员们仍以极大的热忱投入教育改革的建言献策和方案制定工作之中。教育审议会在三年的设置期间内，共召开了90次全体会议，讨论审议时间长达289小时，如果算上各分会讨论和邀请专家陈述意见的次数，则总共召开了668次会议，讨论审议时间更是长达2086小时。[①] 期间内，教育审议会还将日常工作内容、讨论事项及改革进展汇编成册，以每月一刊的频率向社会公众发行，这种大胆的尝试促进了政府和国民之间的积极沟通，并获得了国民的热情反馈。审议会总计收到国民投稿论文869篇，来信360件，参与旁听会议的人数更是多达5500人，创造了日本历史上绝无仅有的国民参与政府决策的热潮。之所以能取得这样的效果，与审议会一开始就坚持公开透明、顺应时代要求的成立宗旨是分不开的。

四、中曾根首相教育改革的意义和教训

在昭和五十九年(1984年)2月的第101次国会上，中曾根首相作了题为“构筑21世纪的基础——三大改革的推进”的施政方针演说，提出了行政改革、财政改革、教育改革的三大改革目标。与行政改革和财政改革取得的显著成功相比，某些社会舆论认为教育改革并未取得预期目标，甚至可以说是相当失败的。

的确，与成功推进铁路民营化、电力民营化和电信民营化的行政改革相比，教育改革在中曾根首相的任期内，并未取得显著成效。这是因为教育改革将包括教育领域的行政体制改革也纳入了总体改革目标，与单纯致力于铁路民营化、电力民营化和电信民营化的行政改革相比，其面临更为复杂的局面和盘根错节的人际关系，遭到了以文部省官员为代表的庞大国家官僚系统的抵抗。故此，对教育改革也如行政改革一般推行大刀阔斧的改革方式也许并不是适当的选择。正如中曾根首相在施政方针演说中所说，“教育是国家百年大计，切忌急功近利”，教育改革必须在宏观大战略的坚定指导下，逐步有序地推进，为了保障改革成果，有时“宁可慢一点，但要好一点”。[②] 如果以一百年为

① 《日本教育新闻》，1987年8月25日。

② [日]田中鹤子:《民营化的思考》，日本经济新闻出版社2004年版，第32页。

一个时间节点来看待中曾根首相的教育改革,或许可以得出更为公正客观的评价。可以说,中曾根首相的教育改革,是日本自明治维新建立起现代教育制度以来,一次划时代的极为重要的转折点。

中曾根首相在推进教育改革之初,就突破了以往由文部省主导改革的先例,成立了教育审议会这一高规格跨部门,直属于首相府的改革实施机构,举全体内阁之力应对教育改革的重任。这种在首相本人的亲自领导下,排除官僚系统制约,直接从内阁层面推进改革的大胆尝试,在日本的历代内阁中是绝无仅有的。中曾根首相通过制定《教育审议会设置法》,将审议会的日常办事机构直接设置在首相府,以首相直接领导的方式为教育审议会推进教育改革提供了坚定支持,也为今后的内阁继续推进面向 21 世纪的教育改革做出了良好的示范。中曾根首相出于对文明发展史的认识,将此次教育改革定位为日本继明治维新时期建立现代教育制度,战后美军占领下改造教育体系以后的第三次教育改革,力图终结近代以来日本对西方发达国家的模仿和追赶,在对战后教育制度的成就进行总结的基础上,以面向 21 世纪的责任和担当,推进日本现代教育制度的大改革。改革的成功,绝不是文部省一己之力可以做到的,而是要包括教师、家长、学生、企业在内的全社会,认识到对传统教育制度进行根本改革的必要性和紧迫性,转变观念,切实投入改革大潮之中。这当然需要相当长的准备时间,要全社会投入巨大的精力和资源。中曾根首相为推进教育改革,为国民提供讨论的平台,成立了直属于首相府的改革机构——教育审议会,并成功引导全体国民对教育改革的必要性和改革方向发起大讨论,激发起全体国民对教育改革的关注,用来自民间的力量成功突破了以文部省官僚集团为代表的体制藩篱,创造出发动基层国民直接参与国家决策的战略手段。日本在明治维新时期的教育改革和战后美军占领下的教育改革,无一不是自上而下型的改革方式。而中曾根首相主导的教育改革,力图终结对西方发达国家的模仿追赶,以面向 21 世纪的战略眼光实现新时代日本教育的自由化、个性化、多样化、国际化、信息化,并成功发动民间基层的力量推动了此次自下而上的改革。[①]

基于这种认识,为最大限度发挥教育审议会这一国民论坛的作用,中曾根首相鼓励委员们积极地发现问题,总结问题,提出各自对教育改革的方案,并将讨论过程以定期发行刊物和召开公众听证会的形式传达到最基层,呼吁广大国民参与到教育改革的决策过程之中。面对顽固的文部省精英官僚集团,

① 熊达云:《论中曾根康弘及其政治》,载《日本问题研究》1989 年第 1 期。

除了调动国民的参与热情以外，似乎没有其他办法能够推动改革的及时落实。通过发动国民层面的讨论，中曾根首相成功构筑起了面向21世纪教育改革的民意基础，使日本的教育体系突破了以往权威主义、平均主义的旧模式，由模仿追赶型教育开始朝着简政放权，尊重个性，倡导多样化、自由化、国际化、信息化的新方向迈进，改变了对智育的过度依赖，更加注重智育、德育、体育的均衡发展。中曾根首相为教育改革所规划的基本路线，虽然经历了一些曲折，但其改革的前瞻性、方向性为今后的教育改革提供了良好的范本，做出了不可磨灭的贡献。这在之后以大学审议会的成立为标志的大学改革、初级中级教育改革的推进，以及终身学习体系的建立等具体的改革措施中得到了体现。

同时，中曾根首相的教育改革也并非完美无瑕，仍然存在着一些需要反省的地方，这些反省也为今后的其他改革提供了宝贵的经验。

首先，因为种种原因，教育审议会的教育改革，与中曾根首相推进的其他领域的行政改革和财政改革，并没有形成有效的配合。教育审议会虽然将教育领域的行政和财政改革也纳入了自身改革规划的范畴，但由于牵涉面过广，没有做到有效深入，如果能在一开始就将教育领域的行政财政改革与教育体制改革有机结合、共同推进，势必能取得更好的改革效果。其次，教育审议会并未采取以往由文部省主导运营的惯有模式，而是将审议会日常办事机构直接设置在了首相府，这固然可以摆脱文部省精英官僚集团的制约，但在人事层面和组织层面就显得相对薄弱。最后，教育审议会的教育改革，虽然得到了中曾根首相的大力支持，但在日本国会中，由于真正理解中曾根首相教育改革理念，能够配合推进教育行政领域简政放权的国会议员人数并不多，没有能够形成有效呼应，致使一些改革措施迟迟不能获得国会批准，延误了改革的历史进程。①

以铁路民营化、电力民营化和电信民营化为代表的中曾根首相的行政财政改革，因为得到了国会经济界议员的全力配合，落实进展十分顺利，取得了良好的改革效果，成为中曾根首相任期内卓越的政绩。与此相比，因为精通教育的国会议员人数严重不足，致使教育改革的各项举措不能及时落地，这不得不说是一件令人遗憾的事。日本的现代教育制度始建于明治维新时期，多年来为日本各界培养出大量人才，在日本现代化国家的建设进程中发挥了巨大作用。随着时代的发展，为了使这一教育制度能更好地适应时代，延续以往的

① ［日］羽田贵史：《高等教育政策的历史转换》，玉川大学出版社1995年版，第115页。

辉煌,对其进行及时的修补和更正是极为必要的。然而就是这样的修补和更正,在中曾根首相的大力支持下,仍然在国会举步维艰,这再次昭示了在日本取得国会议员支持的重要性。也许教育从业者和教育管理者本身自带的体制障碍,才是中曾根首相教育改革的最大挑战。[①]

以上这些改革经验和教训的总结,已经足以证明中曾根首相的教育改革在日本教育史上,是继明治维新期、战后美军占领期之后的第三次重大改革,具有崇高的历史地位。在战后的历代日本首相中,中曾根首相是为数不多的在教育改革领域留下了宝贵政治遗产的政治家。改革没有完成时,将中曾根首相的理念和政策继承下去,以极大的毅力和强大的领导力,继续推进教育改革,将是21世纪日本新生代政治家们的责任。

① [日]佐藤恭子:《高等教育的潮流》,东信堂2007年版,第226页。

中国与巴基斯坦人文交流的意义、成绩与问题研究*

孙力舟**

摘　要:巴基斯坦是世界上与中国关系最好的国家之一。中国和巴基斯坦之间的人文交流,对建设中巴经济走廊、构建人类命运共同体和推进"一带一路"倡议意义重大。双方人文交流的成绩主要有中国在巴基斯坦保持了良好的公众形象、巴基斯坦已成为来华留学第三大生源国、巴基斯坦出现学习中文的热潮、中国影视作品风靡巴基斯坦、中巴跨国婚姻呈上升趋势等。双方人文交流中存在的问题主要表现在中国公众对巴基斯坦缺乏了解、中国和巴基斯坦双向旅游人数偏少、不少中国人主要从西方和印度的媒体报道了解巴基斯坦、中国社交媒体中对巴基斯坦的担忧增多、巴基斯坦主流媒体对中国的批评增加、部分巴基斯坦在华留学生口碑不佳、巴基斯坦影视作品在中国影响很小等。

关键词:巴基斯坦;人文交流;中巴经济走廊;留学生;跨国婚姻

一、中巴人文交流对建设中巴经济走廊的意义

2006 年,时任巴基斯坦总统穆沙拉夫访华时提出"中巴能源走廊"的倡议。① 2013 年 5 月,李克强总理在访问巴基斯坦时,提出"中巴经济走廊"的战

* 本文系国家社科基金一般项目"巴基斯坦多民族国家治理的经验教训研究"(19BGJ070)的研究成果;西南政法大学校级科研项目"'一带一路'战略实施中的重点难点问题研究——中巴经济走廊研究"(2017XZZD10)的研究成果。

** 孙力舟,西南政法大学全球新闻与传播学院教师,盘古智库研究员。

① 肖彬:《巴基斯坦——中国能源往来的走廊》,载《中国石油报》2006 年 4 月 10 日第 8 版。

略构思。中巴经济走廊计划通过能源管道、铁路和光缆的建设,将中国喀什和巴基斯坦瓜达尔港连接在一起,促进中巴双边贸易和投资,并推动地区一体化。[①]

此前中国的对外援助及投资,或者以军事援助为主,如对朝鲜、越南,或者集中于某个具体项目或领域(如坦赞铁路、援非医疗队),或者对于对方的要求几乎有求必应(例如阿尔巴尼亚),还没有全面参与制定一个国家发展规划的先例。

随着中国国力的增长,发展中国家对中国的期待有所改变。早在2010年,巴基斯坦参议员穆沙希德·侯赛因就说,发展中国家过去主要是在情感上敬重中国,但今天我们认为中国已经成为真正的世界大国和发展中的强国。中国不但乐意帮助发展中国家,而且具备了这样做的实力。[②]

在中国外交战略中,巴基斯坦占据着重要而特殊的地位。"中巴经济走廊"是改革开放以来,中国第一次全面帮助一个发展中国家实现现代化的计划。对巴基斯坦来说,"中巴经济走廊"是其建国以来获得的最大一笔投资。

政治互信、安全合作和经贸合作,是中巴关系的三根重要支柱。[③] 这三大支柱都与通过中巴人文交流构筑全方位互信密切相关。

中巴关系的巩固和发展,需要中国研究巴基斯坦的学者出谋划策。[④] 随着"中巴经济走廊"的推进,中巴关系日益密切,客观上要求中国研究巴基斯坦的学者提高建言献策的水平,而包含中巴学术交流在内的中巴人文交流,正是满足这一要求的关键所在。

巴基斯坦就业严重不足,只有约25%的年轻人有固定的全职工作。这种状况对"中巴经济走廊"产生了三方面的不利影响:第一,收入低导致家庭对教育的投资不足,影响劳动力素质,影响"中巴经济走廊"建设;第二,收入低导致在饮食、衣着、交通等方面的购买力不足,影响"中巴经济走廊"很多项目的投资回报;第三,收入低的人群,容易被巴基斯坦国内外的暴恐分子招募,危害

---

① 玛依努尔:《中巴铁路对中国与巴基斯坦对外贸易的影响》,载《克拉玛依学刊》2016年第5期。

② 周戎:《中国,发展中国家的希望和榜样——访巴基斯坦中国研究所所长穆沙希德·侯赛因》,载《光明日报》2010年1月17日第8版。

③ 陈吉祥:《印度视角下的中国与巴基斯坦关系》,载《印度洋经济体研究》2014年第6期。

④ 田光强、韩召颖:《中国的巴基斯坦研究简述》,载《东南亚南亚研究》2013年第2期。

"中巴经济走廊"的安全。

通过中巴人文交流，促进相互的语言和工作习惯的学习，有助于巴基斯坦人扩大就业。来自中国山东的储会军在巴基斯坦拉合尔和费萨拉巴德之间购买了土地从事农业开发。他发现，当地大多数村民缺乏谋生的门路，一天 2 元人民币的工资，都找不到活儿干。同时，当地人工作效率底下，国内两天可以干完的活儿，当地人要做一周。[①] 如果更多的巴基斯坦老百姓能学会基本的汉语，学到中国人高效工作的习惯，会有利于"中巴经济走廊"的顺利推进。

国内有学者认为，巴基斯坦宗教问题的复杂性、民族结构的多样性、地理位置的特殊性以及恐怖袭击，使在巴基斯坦投资的政治风险较高。[②] 中巴特殊关系和双方对"中巴经济走廊"前景的高调宣传，掩盖了两国民间交流的滞后。[③]

通过中巴人文交流，让更多的中国人了解巴基斯坦复杂的国家，有利于"中巴经济走廊"项目从设计到实施的每个环节趋利避害，降低政治风险。

二、中巴人文交流对于构建人类命运共同体的意义

习主席在 2017 年全球政党大会上阐述了人类命运共同体的内涵："要在文化上努力建设一个'远离封闭、开放包容'的世界……让各种文明和谐共存，让人人享有文化滋养。"[④]

建设中巴命运共同体是向着人类命运共同体努力的关键一步。看似在意识形态上差距很大的巴基斯坦伊斯兰共和国与以马克思主义无神论为指导思想的中国，形成中巴命运共同体，将是建立人类命运共同体的关键步骤。

虽然美国政治学家塞缪尔·亨廷顿的"文明冲突论"饱受争议，但是很难否认建筑在宗教基础上的文明，在世界政治经济中发挥巨大作用。根据信徒人数计算，伊斯兰教(包括什叶派和逊尼派)是仅次于基督教(包括天主教、东

---

① 谭翊飞：《在巴基斯坦种地中国人享受贴身安保服务》，载《21 世纪经济报道》2016 年 3 月 7 日第 12 版。

② 奥布力·塔力普：《中巴经济走廊视角下中国企业在巴基斯坦投资风险分析》，载《克拉玛依学刊》2016 年第 5 期。

③ 胡亦南：《民心相通：中巴经济走廊的最终保障》，载《企业家日报》2016 年 7 月 1 日第 W02 版。

④ 陈向阳：《习近平全球政党大会擎起"人类命运共同体"大旗》，http://theory.southcn.com/c/2017-12/02/content_179303288.htm，最后访问日期：2018 年 9 月 28 日。

正教和新教)的全球第二大宗教。美国宗教学家列奥纳多·斯威德勒和保罗·莫泽将宗教定义为“宗教是基于超越者的概念而对生命的终极意义作出的一种解释,并据此去生活的方式。宗教通常包括四个C:信纲(creed)、准则(code)、崇拜仪式(cult)和社团结构(community-structure)”[①]。

巴基斯坦是南亚地区面积第二大、人口第二多的国家。南亚地区是全球人口最多的次区域。巴基斯坦仅次于中国、印度和印度尼西亚,是全球人口第四多的发展中国家。

南亚的伊斯兰教如万花筒一般,结合了本土各个宗教的影响。[②] 巴基斯坦是全球第六人口大国,仅次于印度尼西亚,是人口第二多的伊斯兰国家。作为唯一有核技术的伊斯兰国家,巴基斯坦是中国在伊斯兰世界外交布局的战略支撑。

1951年,巴基斯坦成为第一个与中国建交的伊斯兰国家。[③] 中巴双边关系顺利发展,1965年第二次印巴战争之后,中巴形成了特殊的准结盟关系。21世纪,“全天候伙伴”和“巴铁”两个词在中国成为“网红”。

2015年4月,习近平主席在访问巴基斯坦时,发表了题为“构建中巴命运共同体开辟合作共赢新征程”的演讲。习近平指出,中巴友谊是肝胆相照的信义之交,休戚与共的患难之交,堪称国与国友好相处的典范。双方将中巴关系提升为全天候战略合作伙伴关系。[④]

“国之交在民相亲。”中国要推进中巴命运共同体的顺利发展,离不开中巴两国的民心相通。促进中巴人文交流,则是实现民心相通的重要举措。

在以“为构建中巴命运共同体承担共同责任”为主题的主旨发言中,光明日报社总编辑张政以“通”为关键字谈了三点看法:第一,以文明“通”促媒体“通”;第二,以媒体“通”助民心“通”;第三,以民心“通”启世界“通”。[⑤]

---

① 《全球对话时代的宗教学》,四川人民出版社2014年版,第11页。

② 周燮藩、王俊荣、沙秋真、李维建等:《苏非之道——伊斯兰教神秘主义研究》,中国社会科学出版社2012年版,第356页。

③ 本文中,“伊斯兰国家”的定义是伊斯兰合作组织的正式成员国,而不涉及其国名中是否有“伊斯兰”字样,或其法律中多大程度上使用了伊斯兰教法。

④ 《解读:如何看习近平强调中巴命运共同体》,http://theory.people.com.cn/n/2015/0422/c136457-26884137.html,最后访问日期:2018年9月24日。

⑤ 李曾骙、曹元龙:《携手讲好中国故事和巴基斯坦故事　中国·巴基斯坦媒体论坛在京召开》,载《光明日报》2018年4月18日第1版。

三、中巴人文交流对于推进“一带一路”倡议的意义

2014 年 9 月，习近平主席在纪念孔子诞辰时说：“优秀传统文化是一个国家、一个民族传承和发展的根本。”[①]

中国和巴基斯坦的文化联系有一千多年的历史。中国高僧玄奘和法显，都是丝绸之路文化交流的先驱，他们曾经访问过巴基斯坦。藏传佛教的主要缔造者之一萨姆巴巴瓦（莲花生大士），来自巴基斯坦北部的斯瓦特山谷。[②]

思考中巴人文交流，不应局限在中巴双边关系，而要有地区乃至世界眼光。中国应重视中巴智库、媒体、教育交流合作等方面的“软实力”，逐步积累经验，为“一带一路”的推进投石问路。[③]

目前“一带一路”的 60 多个国家中，有 33 个是伊斯兰国家，约占一半。在所有伊斯兰国家中，巴基斯坦对“一带一路”倡议最为重视。2013 年“一带一路”倡议提出以来，巴基斯坦历届政府都将“中巴经济走廊称”为“一带一路”的旗舰项目。在中国的铁路发展规划中，包括新疆喀什到巴基斯坦瓜达尔的铁路。这条铁路将连接丝绸之路经济带和 21 世纪海上丝绸之路，贯通“一带一路”。[④]

“中巴经济走廊”建设的速度和质量，对于其他“一带一路”沿线国家具有示范作用。中国外交部长王毅表示，将积极探讨“中巴经济走廊”向阿富汗延伸。[⑤] 2018 年 9 月，巴基斯坦正式邀请沙特阿拉伯参与“中巴经济走廊”建设。[⑥] 沙特阿拉伯的首期投资为 100 亿美元。巴基斯坦与沙特阿拉伯的友好关系有利于推进海上丝绸之路，有助于将“中巴经济走廊”的影响扩大到波斯

① 《习近平谈治国理政》第二卷，外文出版社 2017 年版，第 313 页。

② 萨尔曼·巴希尔：《巴基斯坦——中国：亲密邻邦、好朋友、好伙伴》，载《当代世界》2007 年第 3 期。

③ 李希光、孙力舟：《中巴经济走廊的战略价值与安全形势》，载《人民论坛·学术前沿》2015 年第 6 期。

④ 于立新、王寿群、陶永欣主编：《国家战略：“一带一路”政策与投资——沿线若干国家案例分析》，浙江大学出版社 2016 年版，第 52 页。

⑤ 《中巴经济走廊拟延伸至阿富汗 印度不安》，http://www.sohu.com/a/213156233_99901645，最后访问日期：2018 年 9 月 23 日。

⑥ 《巴基斯坦邀请沙特参与中巴经济走廊建设》，http://news.sina.com.cn/o/2018-09-21/doc-ihkhfqnt4060274.shtml，最后访问日期：2018 年 9 月 23 日。

湾和印度洋地区。[①]

巴基斯坦政府和人民具有配合中国推进“一带一路”倡议的强烈意愿。2015 年,时任巴基斯坦驻德国大使的赛义德·哈桑·贾维德用英文撰写了名为《中国人软实力代码》的专著,在德国举行发布会。他认为,只有中国具备这么大规模的体量和悠久的文化传统,可以给当前世界秩序提供新思路。[②] 曾经被习近平主席亲自授予“和平共处五项原则奖”的巴基斯坦参议员国防委员会主席、“中巴经济走廊”委员会主席穆沙希德·侯赛因·赛义德先生,2018 年 9 月在西安举行的第三届中法文化论坛下设的国际智库论坛发言,曾多次面对西方听众畅谈“一带一路”建设的世界意义。

江苏师范大学巴基斯坦教育文化研究中心主任孙红旗表示:“只有做到‘民心相通’,才能完成设施联通、贸易畅通、资金融通等更深远的联系。”[③]确实,中巴双边人文交流的推进,将为“一带一路”的多边人文交流积累经验和人脉。

四、中巴人文交流的主要成绩

(一)中国在巴基斯坦公众中保持良好形象

巴基斯坦与中国没有铁路连通,中巴友谊公路运力有限,而且只能季节性开放,每年通行的时间不到十个月。[④] 巴基斯坦人对中国的友好感情并非主要来自于与中国民众的密切交往。[⑤] 而是主要来源于几十年来中国对巴基斯坦的战略支持,特别是对印度地区霸权主义的遏制。

从 20 世纪 60 年代中国援助巴基斯坦的坦克在第二次印巴战争中大显身手,到 21 世纪初中国轻骑摩托风靡巴基斯坦城乡(笔者的朋友就在巴基斯坦

---

① 陈继东、丁建军:《巴基斯坦—沙特关系与中国的印度洋地区外交》,载《南亚研究季刊》2014 年第 2 期。

② 管克江:《探寻中国故事的文化之根——巴基斯坦驻德国大使谈新书〈中国人软实力代码〉》,载《人民日报》2015 年 4 月 30 日第 22 版。

③ 冯海青:《民心相通,促中巴合作行稳致远》,载《新华日报》2016 年 5 月 25 日第 5 版。

④ 杨磊:《中国兄弟,这是巴基斯坦》,载《21 世纪经济报道》2007 年 1 月 3 日第 8 版。

⑤ 杜幼康、李坤:《略论中国对巴基斯坦的文化外交》,载《苏州大学学报》2012 年第 5 期。

做摩托车生意而发家),巴基斯坦人对中国保持了正面印象。巴基斯坦的各类势力,包括一部分宗教极端势力,都常常把中国人当成可信的朋友。①

那么,随着中巴两国民众之间直接交往的扩大,中国是否能在巴基斯坦公众中保持良好形象呢? 2007 年,笔者的朋友——北京大学乌尔都语专业学士、传播学专业硕士赵菲对此并不乐观。她在硕士论文研究了中国人和巴基斯坦人之间在性别观、道德观、等级观、时间观、话语表达方式和思维方式等方面,发现两国人民存在的显著差别;而且随着中国人和巴基斯坦人交往次数的增加,双方相互满意的程度并没有增加,反而出现了减少的趋势。②

最近十一年,巴基斯坦政权在三大政党和军队之间多次易手。从中巴各领域交流的成果来看,中国确实在巴基斯坦公众中保持了良好形象,巴基斯坦存在着强烈的对华友好的民间呼声。

2007 年 2 月,中国移动并购了巴基斯坦移动通讯领域的第五大运营商 Paktel 公司。③

中巴两国从 2007 年开始地质调查合作 2011 年,在原国土资源部、中国地质调查局的统一部署下,西安地质调查中心开始与巴基斯坦地质调查部门开展地学合作。④

一般来说,服务贸易比货物贸易能带来更多人与人之间的交流。2009 年,巴基斯坦首先与中国签署了自贸区服务贸易协定。⑤ 2010 年,中国和巴基斯坦签署了自由贸易协定。⑥ 中巴双边贸易以互补性为主、竞争性为辅,未来中巴仍有贸易合作的较大潜力。⑦

访华的巴基斯坦人对中国高铁经常赞不绝口。早在 2011 年以前,中国原

① 孙翔宇:《巴基斯坦:中国人享受"特权"的国度》,载《廉政瞭望》2005 年第 6 期。

② 赵菲:《中国人和巴基斯坦人之间的跨文化交流现状研究》,北京大学 2007 年硕士研究生学位论文。

③ 吴茹月:《企业跨国并购战略中的财务风险控制研究——基于中国移动并购巴基斯坦 Paktel 公司案例》,载《财经问题研究》2013 年第 5 期。

④ 蒋郭吉玛、姬长玉、刘盼盼:《在活动中感受创意在交流中加深友谊——4 个巴基斯坦年轻留学生眼中的地质资料创新应用大赛与中巴地质工作合作》,载《中国矿业报》2018 年 4 月 27 日第 1 版。

⑤ 闫海龙:《中国与巴基斯坦贸易发展走向》,载《开放论坛》2015 年第 6 期。

⑥ 陶红亮主编:《海上丝绸之路》,海洋出版社 2017 年版,第 162 页。

⑦ 王喜莎、李金叶:《中国与巴基斯坦双边贸易的竞争性和互补性分析》,载《上海经济研究》2016 年第 11 期。

铁道部就成立了中巴、中俄等16个境外合作项目协调组,协调中国高铁产业链相关企业"走出去"。[①] 2014年,中国铁建国际集团董事长、总经理卓磊与巴基斯坦信德省公共交通运输部常务秘书长瓦西夫·阿巴斯签订了轻轨、城市环形铁路、快速公交等项目的谅解备忘录。[②]

在巴基斯坦境内较为落后闭塞、很多居民同情阿富汗塔利班的联邦直辖部落区(FATA),民意测验受访者最喜欢的国家中,中国仅次于沙特阿拉伯,列第二位。[③]

巴基斯坦朋友告诉我,巴基斯坦的中学课本里面有一章专门写中国,介绍中国人生活方式、文化等。一般巴基斯坦人,包括没有受过良好教育的人,都知道有一句话叫"中巴友谊比山高、比海深"。他们尽管不了解中巴关系的详情,但认为中国是巴基斯坦的好朋友。

这让笔者想起,2015年3月,在卡拉奇游泳池,两个十几岁的男孩子一见到笔者这个中国人,就把他们父亲的姓名、工作单位和职位一一告知,还问笔者"中国空军是不是已经比美国空军更强大了""中国街道上是不是到处跑着无人驾驶汽车"。笔者曾四次访问巴基斯坦,一次是参加伊斯兰合作组织智库论坛,一次出席中巴双边学术会议,一次文化走廊考察(经过红其拉甫),一次带着两名青年企业家进行商务考察。笔者发现,在巴基斯坦,无论男女老幼,无论军队人民,无论高官、学者还是普通百姓,几乎都对中国有浓厚的感情。[④] 巴基斯坦人普遍认为,中巴之间存在全天候的战略合作伙伴关系,中巴关系是有别于中国同其他国家关系之间的特殊关系。[⑤] 中国和巴基斯坦被广泛地描

---

① 高铁见闻:《大国速度:中国高铁崛起之路》,湖南科学技术出版社2017年版,第292页。

② 张大学、谭漪:《巴基斯坦与中国铁建签署项目谅解备忘录 张宗言出席"中国巴基斯坦经贸投资推介会"并作主题发言》,载《中国铁道建筑报》2014年8月30日第1版。

③ Naveed Ahmad Shinwari, UNDERSTANDING FATA 2011: Attitudes towards Governance, Religion and Society in Pakistan's Federally Administered Tribal Areas, Vol. II, http://www.understandingfata.org/uf-volume-v/Understanding_FATA_Vol-V-11.pdf, p.142.转引自杨勇:《巴基斯坦部落区改革与中国的作用》,载《南亚研究季刊》2013年第3期。

④ 高鑫诚:《巴基斯坦人的中国情结——赴巴基斯坦采访札记》,载《中国青年报》2011年6月4日第4版。

⑤ 沈丁立:《发展新世纪中国与巴基斯坦的战略关系》,载《南亚研究季刊》2011年第2期。

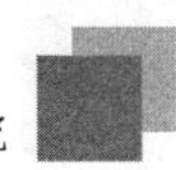

述为“铁杆朋友”。[①] 在中美贸易战开打后，巴基斯坦前驻华资深外交官泽米尔·阿万不仅表示支持中国，还在中国媒体上撰文欢迎中国企业家投资巴基斯坦的农业领域，以补偿美国对华农业出口减少带来的影响。[②]

可见，建筑在中巴全天候友好关系上的广泛人文交流，有利于中国在巴投资消弭政治风险。也就是说，无论文官政府或军队，无论哪个政党、哪个家族主宰巴基斯坦，都会对中国采取友好政策。

(二)巴基斯坦已成为来华留学第三生源大国

习总书记说：“一个国家对外开放，必须首先推进人的对外开放，特别是人才的对外开放。”[③]留学生是深化中外人文交流，提升国家软实力的重要载体。

巴基斯坦大多数家境殷实、受教育程度高、成绩优异的学生，一般选择出国留学，出国留学目的地包括阿拉伯联合酋长国、中国、美国、英国等。[④]

自 1964 年起，中国开始接收巴基斯坦留学生。从中国知网上对巴基斯坦留学生研究的论文可见，巴基斯坦在华留学生遍布全国，在新疆较多。早在 2008 年，新疆石河子大学就有的 700 多巴基斯坦留学生。[⑤] 截至 2013 年，来华学习的巴基斯坦学生总数为 10941 名。2016 年，巴基斯坦在华留学生 18626 人(不含港澳台地区)，仅次于韩国、美国、泰国，居世界第四，伊斯兰国家第一位。[⑥] 2016 年与 2012 年相比，数量排名上升了 5 位。[⑦] 巴基斯坦驻华大使馆公布的数据显示，巴基斯坦 2017 年新赴华留学生人数约为 2500 名，目

---

① 张晓哲：《“一带一路”人文交流——中巴青年职工“互学互鉴”研讨营开幕》，载《中国经济导报》2016 年 9 月 9 日第 A01 版。

② 《特稿泽米尔：中美贸易战　巴基斯坦应扩大对中国的农业出口》，http://wemedia.ifeng.com/74584751/wemedia.shtml，最后访问日期：2018 年 9 月 30 日。

③ 《在同外国专家座谈时的讲话》，《人民日报》2014 年 5 月 24 日，载中央文献研究室编：《习近平关于科技创新论述摘编》，中央文献出版社 2016 年版，第 114～115 页。

④ 庄俊迁：《巴基斯坦留学生汉字书写偏误调查分析及教学策略探究》，苏州大学 2017 年硕士学位论文。

⑤ 王文：《新疆维吾尔族大学生和巴基斯坦留学生体质健康状况的比较研究》，华东师范大学 2011 年硕士论文。

⑥ 教育部：《2016 年度我国来华留学生情况统计》，http://www.moe.gov.cn/jyb_xwfb/xw_fbh/moe_2069/xwfbh_2017n/xwfb_170301/170301_sjtj/201703/t20170301_297677.html，最后访问日期：2018 年 9 月 24 日。

⑦ 《教育部公布 2016 出国 54.45 万人，来华留学 44 万人》，http://gaokao.eol.cn/news/201703/t20170301_1493699.shtml，最后访问日期：2018 年 9 月 24 日。

前巴基斯坦在华留学生总人数约为2.2万名。在生源国排名中,2017年巴基斯坦已成为第三大生源国。据中方统计,巴基斯坦在华留学生中享受各类奖学金的人数达5000多名。①

中巴教育合作有着广阔的前景。2017年8月7日,中国发展改革委国际合作中心举办"巴基斯坦—中国职业技术教育国际合作交流会"。巴基斯坦发展中急需大量的职业技能培训,但本国职业技术院校严重不足,这为中国职业院校"走出去"和开展国际化办学带来了机遇。②

(三)巴基斯坦人中出现学习中文的热潮

巴基斯坦拉合尔管理技术大学教师西德拉·塔里克(Sidra Tariq)在接受笔者访谈时说,巴基斯坦与中国文化交流中最大的困难是语言障碍。她认为,尽管目前乌尔都文、中文和英文中都有一些可以帮助中巴两国人民相互了解的文献,但直接交流的效果还是要好于阅读文献和借助翻译。学习对方的语言是在跨文化交流中直达对方内心的路径。她告诉我,巴基斯坦政府已经在本国的大部分中学开始汉语教学,中国政府在一些国内大学开办了乌尔都语中心。一位精通汉语的巴基斯坦女士提到,在交流中感谢父亲从小逼着她学汉语,今天才能拿到八倍于同龄人的月薪。

2005年、2013年和2014年,中国先后在伊斯兰堡、卡拉奇和费萨拉巴德设立孔子学院。2013年,李克强总理访问巴基斯坦期间宣布,未来5年为巴基斯坦培训1000名汉语教师。2015年,习近平主席访问巴基斯坦期间,中方宣布,未来五年内为巴提供2000个培训名额。③

巴基斯坦伊斯兰堡孔子学院中方院长张道建说,2015年后,报名学习中文的巴基斯坦年轻人数量大幅上升。据该校统计,参加汉语考试的人数,2016年的数量比2015年翻了一番,达到1350人,2017年的数量则突破3600人。④

2015年4月20日,习近平主席与时任巴基斯坦总理谢里夫共同为巴基斯坦中国文化中心揭牌。2017年,巴基斯坦中国文化中心共举办各类文化活

---

① 《2017年新赴华留学生2500余名,在华留学生总人数超2.2万巴基斯坦掀起"留学中国热"》,载《人民日报》2018年5月23日第21版。

② 《巴基斯坦—中国职业技术教育国际合作交流会召开》,载《职业技术教育》2017年第24期。

③ 《中国同巴基斯坦的关系》,www.fmprc.gov.cn/web/gjhdq_676201/gj_676203/yz_676205/1206_676308/sbgx_676312/,最后访问日期:2018年9月11日。

④ 丁雪真:《巴基斯坦掀起"留学中国热"》,载《人民日报》2018年5月23日版。

动38场，参与人数累计达3.6万人次，其中有副部级及以上人士出席的活动12场，出席人数达56人次。[①]

根据对在江西宜春学习医学的二百多名巴基斯坦留学生的问卷调查，[②]巴基斯坦在华留学生学习汉语的热情很高。中国(巴基斯坦)投资贸易促进会主任王磊认为，预计在汉语培训领域，如果中国院校与巴基斯坦院校合作，每年招收10万生源都没有问题。[③]

除了中国方面开设的孔子学院，巴基斯坦还有本国人开设的汉语培训学校。定居巴基斯坦的中国女士阿万2017年年初从LinkedIn发现一家巴基斯坦的汉语培训机构Obortunity(这家公司的名称来自one belt one road，即"一带一路"的缩写obor，和"机遇"(opportunity)的结合，含义是"一带一路"带来的机遇)。这个机构在宣传广告中写道"汉语，将成为未来行业领袖的必备语言"。她开始教学后，不断地从学生那里收获感动和知识。例如，学生将儒家思想中的"己所不欲，勿施于人"与穆罕默德的"如果你只希望安拉赠与你美好的事物，而不同时祈求你的兄弟姐妹也能拥有美好的事物，那么你尚未真正相信你的信仰"加以比较。[④]

随着越来越多的巴基斯坦人学习汉语，美国的石英财经网站甚至发表了题为"巴基斯坦越来越像唐人街"的文章。[⑤]

(四)中国影视作品风靡巴基斯坦

清华大学一位巴基斯坦留学生称："在我们国家，中国武打片无人不知，李小龙、李连杰、成龙都是巴基斯坦人眼中的大明星。"近年来，一些巴基斯坦女生开始追中国电视剧，据在巴基斯坦从事汉语教学的阿万介绍，有的学生把中国当代制作的电视剧，分为爱情剧、历史剧、悬疑剧、奇幻剧、现代剧、幻想剧、惊险剧等。其中包括赵丽颖主演的《楚乔传》、黄轩主演《九州之海上牧云记》

---

① 马逸珂：《巴基斯坦中国文化中心：增强交流互鉴促进民心相通》，载《中国文化报》2017年12月29日第4版。

② 詹利珍：《来华巴基斯坦医学留学生的汉语学习动机研究——以宜春学院巴基斯坦医学留学生为例》，云南师范大学2017年硕士学位论文。

③ 王彩娜：《巴中探索职业教育合作新模式》，载《中国经济时报》2017年8月9日第7版。

④ 阿万：《在巴基斯坦做对外汉语教师是一种怎样的体验》，载微信公共号"阿万在路上"2017年12月22日。

⑤ 美媒：《巴基斯坦"中国味"越来越浓》，载《中国商界》2017年第7期。

这样脍炙人口的作品,也包括《他来了,请闭眼》《千金女贼》等相对小众的作品。[①] 2018年夏天,巴基斯坦主流媒体《巴基斯坦日报》(Daily)报道了中国电视剧《扶摇》在巴基斯坦广受好评的新闻。[②]

(五)中巴跨国婚姻呈上升趋势

跨国婚姻的数量,是考察两个国家人文交流是否密切的重要指标。自从巴基斯坦建国开始,就有以维吾尔族为主的中国各族移民定居巴基斯坦,多与巴基斯坦本地人通婚。中国学者研究称巴基斯坦的维吾尔族人超过6000名。巴基斯坦北部地区26%的人(75万)自称祖辈是中国人。[③] 而据笔者的巴基斯坦朋友称,现在巴基斯坦的维吾尔族人至少有数万人,可能多达数十万。巴基斯坦北部地区(即吉尔吉特—巴尔蒂斯坦地区)和拉瓦尔品第[④]的维吾尔族人还成立了维吾尔族华人华侨协会。[⑤]

目前,中巴两国的婚姻已经从中国穆斯林与巴基斯坦人结婚为主,扩大到主体民族汉族人与巴基斯坦各民族人结婚。巴基斯坦鑫鑫婚介称:"我们给巴国的美丽女孩,找心理和身体都健康的、不赌不嫖不酗酒、不打骂人、品德好、有房有一定稳定工作和有一定经济能力有责任心的单身男士。需要来巴国结束自己单身生活的来联系我。"关于如何克服语言障碍,该婚介广告称:"来国内用手机可以英译汉,然后慢慢学习沟通很快3个月就会简单汉语。""如果生个漂亮可爱的混血宝贝,三岁后就会他妈妈的语言还会他爸爸的语言。"这个婚姻介绍机构的公号朋友圈中还发了不少中巴婚姻婚礼现场的照片和想嫁给中国人的巴基斯坦未婚女孩的照片。

清华大学"一带一路"战略研究院研究员,来自巴基斯坦的明竺(Zoon Ahmed Khan)女士说:"巴基斯坦人和西方人通婚已经有数十年之久。现在,由于越来越多的中国人在巴基斯坦居住,越来越多的巴基斯坦人在中国居住,

---

① 阿万:《那些年,"巴铁"女生追过的中国电视剧……》,载微信公号"阿万在路上"2017年12月31日。

② 《扶摇掀巴基斯坦追剧热,杨幂阮经天不渝赤诚励志引共鸣》,http://www.sohu.com/a/239446864_161623,最后访问日期:2018年9月11日。

③ 李德华:《巴基斯坦维吾尔华人述略》,载《新疆地方志》2013年第3期。

④ 周戎:《巴基斯坦华侨华人为震区同胞捐款》,载《光明日报》2010年4月24日第8版。

⑤ 周戎:《"分裂势力蓄意破坏新疆的繁荣与安定"》,载《光明日报》2009年7月15日第008版。

中巴之间的婚姻也就明显增长。关于与巴基斯坦人结婚的中国人是否需要皈依伊斯兰教,巴基斯坦人中有不同的看法。"她估计,随着中巴婚姻的增多,越来越多的巴基斯坦人将不再要求其中国配偶改信伊斯兰教。

一般认为,当代巴基斯坦女性比当代中国女性更传统,更服从丈夫,乐于承担家务。这是越来越多的中国男子想娶巴基斯坦女子的原因之一。据巴基斯坦联邦统计局对约2万个家庭的调查所得的数据,2007至2008财年,巴基斯坦的无报酬照料工作总值在11520亿卢比至18150亿卢比,是巴基斯坦当时国内生产总值的12.7%至20.0%。[①] 这些无报酬照料工作大部分由女性完成。

(六)中巴智库交流日趋活跃

智库是公民社会组织中的异类。作为既不代表公共部门也不代表私人的客观、独立的政策分析和生产者,智库是强大的公民社会的组成部分。[②] 大约从2000年开始,公共政策研究的发展促进了全球性智库和智库网络的形成。[③] 由巴基斯坦著名政治家穆沙希德·侯赛因·赛义德创立并担任主席的巴基斯坦中国研究院(又译巴中学会),2012年起与新疆维吾尔自治区对外文化交流协会、新疆维吾尔自治区版权保护协会共同出版《友邻》杂志,[④]并与清华大学巴基斯坦文化传播研究中心等机构长期合作研究。2015年,巴基斯坦中国研究院与土耳其亚洲政策研究中心(TASAM)合作在伊斯兰堡主办第六届伊斯兰合作组织智库论坛,邀请了中国学者参加。巴基斯坦的智库也开始

---

① Government of Pakistan Finance Division,Strengthening PRS Monitoring Project:Annual Progress Report 2010, p. 15. http://www.prsm.gov.pk/Documents/annualProgressReport2010.pdf.转引自第132页。马蔡琛、张莉:《南亚地区的社会性别预算改革及其对中国的启示——印度、巴基斯坦和孟加拉国的考察》,载《南亚研究》2014年第4期。

② [美]詹姆斯·麦根、安娜·威登、吉莉恩·拉弗蒂主编:《智库的力量——公共政策研究机构如何促进社会发展》,王晓毅等译,社会科学文献出版社2016年版,第48页。

③ [美]詹姆斯·麦甘德、理查德·萨巴蒂尼:《全球智库——政策网络与治理》,韩雪、王小文译校,上海交通大学出版社2015年版,第47页。

④ 成立、杨建新:《一次文化软实力"走出去"的有益尝试——新疆新闻出版交流团访问巴基斯坦成果丰硕》,载《新疆新闻出版》2012年第2期。

出现在中国媒体中。在钓鱼岛问题上,巴基斯坦智库地区研究所完全支持中国。[①]

五、中巴人文交流中存在的问题

中巴关系长期以政治和军事合作为主。2013年"中巴经济走廊"启动后,中巴经济交流大幅度增加。但中巴文化关系仍相对落后的状况带来了如下主要问题。

(一)中国公众对巴基斯坦缺乏了解

巴基斯坦普通人对中国的了解,远远多于中国普通人对巴基斯坦的了解。清华大学自动化系留学生拉贾(Raja Khalid Akbar Janjua)喜欢问刚认识的中国朋友一个问题:"你能说出我们国家任意一座城市的名字吗?"对方常常摇头。[②] 当笔者和国内的朋友聊起巴基斯坦时,不少朋友听说过的巴基斯坦人物不到5个。笔者的一位北大毕业的校友,其丈夫是中国驻巴基斯坦外交官,她去了多次巴基斯坦之后,才弄清楚"伊斯兰玛巴德"的中文翻译是伊斯兰堡。

伊斯兰教是巴基斯坦的国教。虽然中国有约2000万穆斯林信众,10个民族的群众大多信仰伊斯兰教,但是不少中国人对伊斯兰教的知识相当缺乏。例如不少汉族人,包括笔者的朋友,认为穆斯林不吃猪肉是因为"猪是他们的祖先"。

在"中巴经济走廊"建设开始以来,大量中国工程技术人员到达巴基斯坦从事项目施工建设,但是并未加强中巴人文交流。出于安全考虑,中国工人从机场直达项目建设区域。他们常常被要求不带家属,被圈在营地,回去时直达机场,往往从未进城。这些工程人员客观上极度缺乏文化娱乐生活,也不和巴基斯坦社会接触。例如中国中原对外工程有限公司的路坚参与了位于巴基斯坦旁遮普省的恰希玛核电站二期工程(C-2项目)的建设。他说,巴基斯坦军警对项目工地严防死守,让中方员工感到好像被关在监狱里。巴方军警有时开玩笑说,欢迎进入恰希玛核电站集中营。中方员工每天按照工地、食堂、宿

---

① 周戎:《巴基斯坦:中国发表白皮书十分及时》,载《光明日报》2012年9月27日第8版。

② 《巴基斯坦留清华学生眼里不一样的中国》,http://edu.sina.com.cn/a/2017-03-16/doc-ifycnpiu8819917.shtml,最后访问日期:2018年9月11日。

舍“三点一线”的轨迹工作生活，下班后的孤独不知向谁述说。[①]

中国对巴基斯坦缺乏了解，也和巴基斯坦经济落后有关。品牌直接代表一个国家的形象。但是，在巴基斯坦年出口总额中，约65%是农产品出口。[②]

(二)中巴双向旅游业都不发达

巴基斯坦风光迷人，拥有多个世界文化遗产。1983年5月，位于新疆塔什库尔干塔吉克自治县的红旗拉普口岸正式开放，从喀什市到巴基斯坦境内的客运班车开通。[③] 此后，有些资深“驴友”选择从塔什库尔干乘车到达“风之谷”的取景地巴基斯坦罕萨，但这条线路的游客总量仍比较小。

2003年3月，巴基斯坦与中国签署了《关于中国公民组团赴巴基斯坦旅游实施方案的谅解备忘录》。[④] 巴基斯坦对中国公民免去了签证费用。2006年，中国公民赴巴基斯坦的仅有15700人，在中国公民赴境外旅游目的地排行中，巴基斯坦名列第11位。[⑤] 2006年，世界各国共有2221万人次的旅游者来到中国，其中仅有86629人次来自巴基斯坦，占0.39%。据《2016—2017中国旅游消费市场发展报告》，2016年最受欢迎出境目的地国家和增长最快目的地国家中，都没有巴基斯坦。[⑥]

据《中国游客中国名片，消费升级品质旅游——2017年中国出境旅游大数据报告》，2017年，中国已经成为泰国、日本等10个国家的第一大入境旅游客源地，但其中没有巴基斯坦。2017年中国游客出游最多的二十大目的地国家中没有巴基斯坦。2017年，摩洛哥等出境游成为“黑马”，即中国游客数量

---

① 路坚：《“战争”中的巴基斯坦中国村》，载《中国核工业》2010年第2期。

② 高云、刘祖昕、矫健、赵跃龙等：《中国与巴基斯坦农业合作探析》，载《世界农业》2015年第8期。

③ 李景峰：《中国喀什对巴基斯坦开放研究》，载《战略决策研究》2014年第3期。

④ 张颖：《巴基斯坦：向中国人揭开神秘面纱》，载《国际商报》2003年4月13日第1版。

⑤ 叶海林：《中国与巴基斯坦关系的发展与面临的挑战》，载张蕴岭主编：《中国与周边国家：构建新型伙伴关系》，社会科学文献出版社2008年版，第282页。

⑥ 中国旅游研究院：《2016—2017中国旅游消费市场发展报告》，https://mp.weixin.qq.com/s?src=3×tamp=1537764082&ver=1&signature=IwmVk6XJc9-1-D36WY4MAnX-W5yi047piDCO7FC7S1tCfE3nAgk59X2ChZHJoGvmVCsUYsKhYXarm9*TAFDDu7b8m0CwueV1qTNQ9E1OI*6ZgY9brUuL5SmxumYM03ypjQWRWPbnEUZVzYjdtgyeGBT8wo1FEzy2i2fT0FykHH4=，最后访问日期：2018年9月24日。

上升幅度最大的国家中,也没有巴基斯坦。2017 年出境游最受欢迎的十大城市和十个海岛国,都没有巴基斯坦。[①]

(三)中巴交流中的语言障碍继续存在

“中巴经济走廊”的建设开始以来,中巴双方交往的人群,从受过良好教育的以英语交流为主的精英,逐步向各个阶层人民普遍参与的广泛交往方向演变。中国—巴基斯坦人文交流中的语言障碍主要表现在为中国乌尔都语教学发展的滞后,巴基斯坦民众英语普及程度较低,很多巴基斯坦人的英语带有南亚腔调,中国没有开设学习旁遮普语等巴基斯坦语言的专业或学校,巴基斯坦人学习汉语的人数和水平都相对较低。例如,直到 2018 年 9 月 25 日,巴基斯坦驻华大使馆的官方网站,还几乎全部是英文,中文内容只有几个字。

乌尔都语是巴基斯坦的国语。全世界约有五亿人使用乌尔都语,中国乌尔都语教学的规模与“中巴经济走廊”的进展和中巴人文交流的需求不相适应。目前,中国只有 4 所高校开设了乌尔都语专业,其中北京大学和北京外国语大学每四年招生一次。北京外国语大学的乌尔都语专业 2016 年招生 22 人,往届招生规模一直不超过 10 人。西安外国语大学和广东外语外贸大学乌尔都语专业每年招生。

2015 年 9 月,巴基斯坦最高法院要求政府在全国将乌尔都语设定为官方语言,取代英语。[②] 由于中国掌握乌尔都语的人数远远少于掌握英语的人数,这一决定至少在短期内不利于中巴人文交流。没有学过乌尔都语的中国人,很难和大部分巴基斯坦人在没有翻译的情况下交流。而大部分巴基斯坦人的英语水平不高或完全不会英语。例如,在巴基斯坦工作的中国石油工程师发现,巴方普通钻井工人、捞砂工司机都不会或只会一点点英语。[③]

有不少与巴基斯坦人接触过的中国人认为,巴基斯坦人说的英语,发音具有浓厚的南亚特征,比起英美人讲的英语更难听懂。

巴基斯坦仅有 8%的居民母语为乌尔都语。旁遮普省人口约占巴基斯坦

---

① 《2017 出境游大数据:中国公民出境游 1.3 亿人次》,http://www.gscn.com.cn/tourism/system/2018/04/27/011938300.shtml,最后访问日期:2018 年 9 月 24 日。

② 孙力舟:《巴基斯坦语言使用之演变及对中巴经济走廊的可能影响》,载《键睿智库时评》2017 年 4 月 26 日版。

③ 张文生:《跨文化视域下与巴基斯坦人的交流与合作》,载《西南民族大学学报(人文社会科学版)》2011 年第 9 期。

总人口的55%。首都伊斯兰堡和全国第二大城市拉合尔约86%的居民以旁遮普语为母语。[①] 然而,在中国没有任何一所高校或培训机构开设了旁遮普语课程。

一般而言,在中国学习石油等理工农医类专业的巴基斯坦留学生,仅会用中文进行简单的日常交流,无法用中文学习专业课。[②] 巴基斯坦人学习中文,由于受到母语影响等原因,普遍存在声调偏误、语音偏误、汉字记忆困难等问题。巴基斯坦来华医学留学生的汉语学习,存在学习目的不明确、学习兴趣不高等问题。[③] 一些中国任课老师反映巴基斯坦留学生出勤情况不好,迟到、请假、旷课较多。

长远来看,由于中国经济远远领先于巴基斯坦,中国人口数倍于巴基斯坦,解决中巴交流中的语言障碍,主要方式是在巴基斯坦多设汉语学校,巴基斯坦人学习中文。由于"孔子"在西方语言中往往带有宗教色彩,未必适合在伊斯兰国家广泛建立。可以考虑用老一辈领导人命名,如"毛泽东学院""周恩来学院"等。根据笔者在与巴基斯坦朋友们交谈中的印象,毛泽东在巴基斯坦的知名度远远高于孔子,而且形象很正面。

(四)不少中国人主要从西方和印度媒体报道认识巴基斯坦

习总书记指出,当前日益复杂的舆论场呈现出各种价值观的交锋、各种意见主张的表达,如果缺少政治定力,必然会左右摇摆、无所适从。[④] 在涉及巴基斯坦的新闻报道方面,也出现了这样的情况。

中国媒体工作人员中懂得乌尔都文的人很少,中国对巴基斯坦的新闻报道,很大比例来自对美英等西方国家报道的编译。从美英等西方国家的角度看巴基斯坦,就容易不自觉地以萨义德所称"东方学"的眼光来观察巴基斯坦,意味着西方文化优越而其他文化低劣,以及野蛮的帝国主义修辞和表述的使

---

① 常乐、刘飞、董睿:《巴基斯坦留学生汉语声调习得实验研究》,载《语文建设》2015年第5期。

② 黄维安等:《巴基斯坦留学生油田化学课程教学提升效果研究》,载《石油教育》2015年第1期。

③ 赵娟:《巴基斯坦来华医学留学生(英语授课的汉语教学研究——以泰山医学院为例)》,山东大学2012年硕士学位论文。

④ 《习近平新闻思想讲义(2018年版)》,人民出版社、学习出版社2018年版,第192页。

用,从15世纪以来便一直存在。[①] 曾经获得诺贝尔和平奖、被西方媒体广泛报道的巴基斯坦姑娘马拉拉在巴基斯坦各界都不受欢迎,就是西方媒体与巴基斯坦本地主体人群价值观冲突的表现。

英国著名哲学家怀特海认为:“一个社会制度是被本能行为以及丛生在习惯和偏见周围的本能情感的盲目力量结合在一起的。”[②]自诩为“世界最大民主国家”的印度中,或许有势力把中国人对巴基斯坦的态度,引向偏见和盲目。

巴基斯坦友人经常指责印度制造话题炒作,危害中巴关系。印度执政的人民党与印度教教派组织有千丝万缕的联系,其政治主张一直带有浓厚的教派主义色彩,以迎合教派组织的诉求。[③] 1947年印巴分治以来,因为克什米尔的归属权等原因,印度和巴基斯坦长期处于剑拔弩张的对峙状态。同时,由于相似的历史文化传统,印度和巴基斯坦公民在私下会面中,特别是在与印巴以外的第三国公民相遇时,表现得热情自然。[④] 因此,印度政府很可能能够从巴基斯坦人那里获得很多信息。据说,印度对外情报部门——研究与分析局(RAW)指导某些印度媒体及社交媒体向西方媒体或中文社交媒体发布有关巴基斯坦的看起来很逼真的假消息,以破坏巴基斯坦的国际形象和中巴关系。RAW与英国军情六处(MI6)不同,它并不隶属于印度国防部,而是直接向印度总理负责。RAW的领导是印度总理办公室的成员。[⑤] 2016年,中文社交媒体上盛传的巴基斯坦“反华游行”,就有可能是在印度境内进行的摆拍。

(五)中国社交媒体中对巴基斯坦的担忧增多

2016年至今,一篇题为“中巴铁路开建曝出骇人信息:西部将有危机”的文章在互联网上广为流传,认为中巴铁路会带来大批涌入中国新疆甚至内地的穆斯林移民。其实,修建翻越喀喇昆仑山的中巴铁路之设想由来已久,早在

---

① [英]瓦莱丽·肯尼迪:《萨义德》,李自修译,江苏人民出版社2006年版,第20页。

② [英]阿尔弗雷德·诺思·怀特海:《宗教的形成·符号的意义及效果》,周邦宪译,译林出版社2012年修订版。

③ 张高翔:《印度教派冲突研究》,人民出版社2012年版,第261页。

④ 吴永年、赵干城、马嫚:《21世纪印度外交新论》,上海译文出版社2004年版,第128页。

⑤ 崔进、孙力舟:《一直很低调的印度情报机构》,http://news.163.com/10/0313/00/61K93QAH000146BB.html,最后访问日期:2018年9月24日。

2007 年，与铁路建设相关的地质勘探工作就已经完成。[①] 2013 年 6 月，巴基斯坦同意修建瓜达尔到中国新疆喀什的铁路。[②]

在克什米尔问题上，也有中国的自媒体出现了支持印度的声音。其实，印度和巴基斯坦两国总理曾在 1953 年 8 月 20 日发表的“联合公报”中宣布，克什米尔将举行公民投票，由当地人民自己来决定加入印度或是加入巴基斯坦。但此后历届印度政府反复违背诺言。[③] 联合国也通过了支持克什米尔自决的决议，但由于印度反对一直无法实施。

巴基斯坦人认为，信任从来就是相互的。《古兰经》说：“信道的人们啊，你们应当远离许多猜疑；有些猜疑，确是罪过。”[④]随着懂中文的巴基斯坦人越来越多，以及翻译软件水平的提高，中国社交媒体上对巴基斯坦的担忧正在越来越快、越来越多地传播到巴基斯坦，这种情况，也会影响中国在巴基斯坦的形象。

(六)巴基斯坦主流媒体对中国的批评增加

2013 年 5 月，中国提出“中巴经济走廊”倡议，那时巴基斯坦所有国内媒体对都对“走廊”表示支持。一位巴基斯坦驻华的老一辈外交官对笔者说，中国过去曾是巴基斯坦媒体三个不能批评的对象之一(伊斯兰教、巴基斯坦的核力量、中国)。然而，近几年来，巴基斯坦主流媒体对中国的批评甚至指责增多了。2016 年，《巴基斯坦国防论坛》《论坛报》《今日巴基斯坦》等主流媒体不断出现质疑“中巴经济走廊”的声音。[⑤]

例如，2017 年以来，巴基斯坦知名报纸《黎明报》发表了一系列对中国提出的“中巴经济走廊”的规划与实施提出批评的文章，例如财经记者胡勒姆·侯赛因(Khurram Husain)认为，中国在“中巴经济走廊”倡议的有些方面并没有做好计划。例如，他认为如果在巴基斯坦引入中国杂交水稻，需要配套的水

---

① 陈晓晨：《投资巴基斯坦：中国的“战略商机”》，载《第一财经日报》2010 年 7 月 12 日第 A06 版。

② 廖峥嵘主编：《“一带一路”、中国与世界》，社会科学文献出版社 2017 年版，第 43 页。

③ 韩晓青、齐鹏飞：《中国和巴基斯坦边界谈判的历史进程与启示》，载《理论学刊》2011 年第 3 期。

④ 马石头：《马石头读古兰经》，甘肃人民出版社，第 140 页。

⑤ 涂涂：《从巴基斯坦国内反华游行示威看“一带一路”隐患》，https://www.guancha.cn/tutu/2016_05_09_359490.shtml，最后访问日期：2018 年 9 月 29 日。

利设施和其他预备条件,是一个复杂的过程。[①] 又如2018年4月,巴基斯坦媒体《每日时报》(Daily Times)发表文章,称中国工程人员与巴基斯坦警察发生肢体冲突。《黎明报》网站则发表了萨迦德·阿克巴·汗(Sajjad Akbar Shah)的文章称,中国工人"捶打"巴基斯坦警察,还配上一副图片。该文章还说2016年就有"与中国国军队有关的、受过武术训练"的中国人袭击并打伤了保卫他们安全的巴基斯坦警察。[②] 这两家媒体对这一事件的报道引起较大反响。随后,这些工程人员被巴基斯坦驱逐出境。巴基斯坦学术精英对此事的报道产生了意见分歧。有人认为中国工程人员的行为十分傲慢,不可接受。也有人认为《每日时报》和《黎明报》都是相对亲美亲印、反对巴基斯坦军方的媒体,因此片面报道此事。

巴基斯坦主流媒体精英往往在西方接受教育,观念和利益上受西方影响较深。近几年,美印关系大幅升温,西方媒体大多认为"一带一路"倡议把巴基斯坦看作中国在南亚的重要支点,以平衡不断增长的印度军力。[③] 这种立场也影响到巴基斯坦媒体。

"中巴经济走廊"已经建设了瓜达尔等特区,有些特区目前只有外商独资企业和巴外合资企业可以进入投资,容易给巴基斯坦人以中国企业享有特权的感觉。"中巴经济走廊"要让巴基斯坦的中小企业分享开放红利,才能维护和扩大其在巴基斯坦的民意基础。

其实,中国完全可以"另起炉灶",在巴基斯坦开设英语媒体,直接改善中国在巴基斯坦媒体中的形象。巴基斯坦熟练掌握英语的人口有约400万人。巴基斯坦法律允许国外投资在本国开设媒体。巴基斯坦在宗教文化上与属于伊斯兰世界,与大部分中东国家心理风俗相似,地区影响力也较强。中国新闻界可以在巴基斯坦本地寻找合作伙伴,用巴基斯坦的人力资源开设英文媒体,向中东地区推广"一带一路"倡议。[④]

---

① [巴]胡勒姆·侯赛因:《CPEC Moves into Agriculture》,https://www.dawn.com/news/1441188/cpec-moves-into-agriculture,最后访问日期:2019年9月7日。

② 萨迦德·阿克巴·汗:《Chinese workers thrash policemen in Khanewal》,https://www.dawn.com/news/1399531/chinese-workers-thrash-policemen-in-khanewal,最后访问日期:2019年9月7日。

③ 黄河、许雪莹、陈慈钰:《中国企业在巴基斯坦投资的政治风险及管控——以中巴经济走廊为例》,载《国际展望》2017年第2期。

④ 孙力舟:《中东地区宣传"一带一路"的困难和对策》,载陈国平、赵远良主编:《全球治理与中国方略》,中国社会科学出版社2018年版,第142页。

建议中央电视台尽快开设乌尔都语频道，延长中国国际广播电台乌尔都语广播时间，丰富节目内容。上文提到的巴基斯坦高官穆沙希德·侯赛因·赛义德，就是从1970年代中国国际广播电台乌尔都语广播中的毛主席语录开始了解中国的。40多年过去，他还经常在演讲中提到“世上无难事，只要肯登攀”“妇女能顶半边天”等毛主席的诗词和语录。

(七)巴基斯坦部分在华留学生口碑不佳

在中文互联网任何一个搜索引擎搜索巴基斯坦学生，都有不少他们学习不认真、对中国女生表现得过于热情乃至骚扰、以恋爱为名加以玩弄的信息。一位在成都重点高校任教的教师说，在他的学校，巴基斯坦学生和非洲学生的名声差不多。

巴基斯坦仍是较低收入的发展中国家，教育普及程度较低。巴基斯坦留学生来自不同的地区，家庭条件各异，受教育水平参差不齐。[①] 有研究表明，巴基斯坦在华留学生存在很大的跨文化压力适应问题。[②] 一些留学生面对压力，并没有将其转化为刻苦学习专业课和汉语的动力。有些接收巴基斯坦留学生的学校反映，巴基斯坦留学生往往在课堂上表现过度活跃，不易掌控。在对新疆医科大学132名巴基斯坦医学专业留学生的调查表明，汉语课上出现缺课的学生占总数的28.5%。当被问及“宗教活动或国家重大节日与汉语课发生冲突时学生会怎么做”时，35.7%的巴基斯坦留学生会放弃汉语课参加活动或庆祝节日。[③]

笔者认为，巴基斯坦在华留学生的数量近几年增长很快，提升巴基斯坦在华留学生的质量势在必行。不少高校盲目追求所谓“国际化”，但事实上并未招来优质生源。[④] 巴基斯坦留学生中也出现了这种情况。巴基斯坦国内甚至可能有专门帮助申请中国奖学金的学生进行学术简历造假的机构，其广告已

---

① 刘慧萍等：《巴基斯坦留学生病理学教学初探》，载《中国药物经济学》2012年第4期。

② 曹传锋：《巴基斯坦留学生跨文化压力适应研究》，载《开封教育学院学报》第35卷第9期。

③ 祖丽胡玛尔·阿卜力孜：《来疆巴基斯坦医学留学生汉语学习调查研究——以新疆医科大学为例》，新疆师范大学2014年硕士学位论文。

④ 徐实、秦博：《引进留学生也要追求质量，避免“高衙内”们浑水摸鱼》，https://m.guancha.cn/xushi/2018_05_23_457623_s.shtml? from=groupmessage，最后访问日期：2018年9月30日。

经发到了中国社交媒体上。

由于中国高校难以审查巴基斯坦留学生申请简历的真假,或许可以由巴基斯坦的中学、大学校长实名推荐留学生,并将其推荐的留学生的品德和学业表现,与以后从该校录取的留学生的名额及是否给予奖学金相挂钩,以保证留学生质量。

(八)巴基斯坦影视作品在中国影响很小

印度电影最大的制作中心位于经济首都孟买的影城宝莱坞,年产影片超过 1000 部,位居世界第一,已经成为印度的一张名片。[①] 那里出产的一些电影在欧洲、美洲,乃至中东和非洲都获得成功。21 世纪初,以宝莱坞为代表的印度电影业,成为印度十大文化品牌中的佼佼者。[②] 即使在中印洞朗对峙的 2017 年,印度电影《神秘巨星》《摔跤吧爸爸》也赢得了中国众多观众的喝彩。

对比来看,巴基斯坦影视作品在中国的影响很小,大部分中国人不能说出任何一部巴基斯坦影视作品。

总之,中国和巴基斯坦的人文交流,有利于促进"中巴经济走廊"、人类命运共同体和"一带一路"建设。对于中巴人文交流,既要肯定成绩、总结经验,又要正视问题。希望中巴人文交流在实践中稳步发展。

---

① 龙兴春:《印度大国外交》,中国社会科学出版社 2016 年版,第 146 页。

② 孙士海、葛维钧主编:《印度》,社会科学文献出版社 2010 年版,第 413 页。

"共建中国—东盟命运共同体与法学研究与教育的融合"

——首届中国—东盟法学院院长论坛综述

徐忆斌*

摘　要:为探索共建中国—东盟法学交流合作的平台与机制,为法治化和长效化促进中国—东盟命运共同体的建设发展,首届中国—东盟法学院院长论坛在西南政法大学成功举办。本次论坛根据当前全球治理的新形势、新问题和新瓶颈,紧密围绕共建"中国—东盟命运共同体"的法学教育问题和法治问题,从不同的角度、领域和层面展开了深入探讨,对"中国—东盟命运共同体"建构的发表了各自的理解和看法,带来了诸多新视角、新观点和新启示,也带来了诸多新共鸣、新合作和新共识,最终形成了《重庆倡议》。

关键词:"中国—东盟命运共同体";法学教育;法学院院长论坛;共识

2019年3月30日至31日,首届中国—东盟法学院院长论坛暨西南政法大学国际法学院十周年院庆活动在重庆渝北隆重举办。本次论坛分为开幕式、分论坛及闭幕式,分别在重庆维景国际大酒店和西南政法大学毓才楼学术报告厅举行。30日上午,本次活动的开幕仪式由西南政法大学党委常委、副校长岳彩申主持,西南政法大学党委书记樊伟、教育部中外人文交流中心副主任夏娟、重庆市社科院院长唐青阳、重庆市人民政府外事办公室副主任张娅茜、中南财经政法大学副校长姚莉、西南政法大学党委常委、统战部部长徐泉、西南政法大学国际法学院院长张晓君、东盟各国和国内法学院院长、学校各部处负责人、国际法学院校友代表、教师代表、学生代表等约150人参加了开幕式。31日上午举办的闭幕仪式由西南政法大学党委常委、副校长唐力主持,西南政法大学校长付子堂、中南财经政法大学副校长姚莉、西南政法大学党委

* 徐忆斌,西南政法大学国际法学院副教授,中国—东盟法律研究中心副秘书长,硕士生导师。

常委、统战部部长徐泉、西南政法大学国际法学院院长张晓君、东盟各国和国内法学院院长及国际法学院师生共计100余人参加了此次闭幕式。

首届中国—东盟法学院院长论坛获得了东盟国家法律法学界的高度重视和大力支持,参与本次论坛东盟各法学院院长有,缅甸仰光大学法学院院长敏都森教授,马来西亚马来亚大学法学院院长约翰副教授,泰国清迈大学法学院院长彭猜·维苏提萨,宋卡王子大学法学院副院长素提猜,越南胡志明经济法律大学法学院院长黎武南教授,老挝司法部国家司法学院副院长万飞,柬埔寨智慧大学法学院院长孔帕拉教授,柬埔寨皇家经济法律大学法学院副院长贝提娜教授。

论坛主题为"共建中国—东盟命运共同体与法学研究与教育的融合",通过凝心聚力,开拓创新,会议得了丰硕的成果。

一、本次论坛得到了有关部门高度肯定并获相关院校积极支持

作为兼具中外教育交流与人文合作的重要平台,本次论坛得到了教育部中外人文交流中心和重庆市人民政府外事办的高度肯定。教育部中外人文交流中心副主任夏娟在致辞中认为,院长论坛将大大提升中国东盟人文交流的内涵质量,助推中国东盟合作走实走深。她建议论坛从人文交流的理念与高度塑造论坛的活动与成果,更深层次地服务于中国东盟区域合作的法治保障,做到服务于中国东盟合作大局、中国东盟经贸合作以及中国东盟教育发展。另外,她也希望此次论坛为中国东盟的学术交流校际合作开一个好头,以法学精准的切口,为推动中国东盟人文交流和构建"人类命运共同体"作出贡献。重庆市外事办副主任张娅茜在致辞中肯定了长效化、常态化举办中国—东盟法学院院长论坛对重庆和东盟的发展具有的重要意义。她相信,院长论坛的成功举办,将有助于凝聚共识,形成合力,拓宽重庆市与东盟国家在中外人文交流,尤其是法律与教育交流的渠道,服务和促进"中国—东盟命运共同体"发展大局,有助于互学互鉴、改革创新,共同探索富有国际特色和新时代精神的法学教育交流合作新机制,有助于兼收并蓄、包容共赢,共同丰富中国与东盟各国之间人文交流内容,示范打造中国东盟人文交流的优质品牌,讲好重庆东盟故事。

本次论坛也得到了西南政法大学以及国内兄弟院校的积极支持。西南政法大学党委书记樊伟教授致辞中指出,"一带一路"建设为重庆提供了"走出

去"的更大平台,推动了长江经济带的发展,为重庆提供了更好融入中部和东部的重要载体,在这一重大历史机遇下,进一步加强中国与东盟国家在法学领域的交流与合作,将成为建设更为紧密的中国—东盟命运共同体的有力保障,并为法学研究交流提供了难得的机遇。樊书记对西南政法大学国际法学院的发展给予肯定的同时,也指出国际法学院在智库建设、学术研究、国际合作交流以及人才培养等方面都取得了不凡的业绩,成为中国法学会东盟国家高端法治人才的培养基地,有力地推进了中国和东盟国家法学教学研究的合作交流。他也希望通过本届论坛的成功举办,进一步形成中国和东盟国家法学教学研究合作交流的常态机制,为建设更为紧密的"中国—东盟命运共同体"提供强有力的法律保障。开幕式主旨发言中,中南财经政法大学副校长姚莉教授首先代表中南财经政法大学对西政国际法十周年表示热烈祝贺。她详细介绍了中南财经政法大学在"一带一路",包括中国东盟法学教育交流方面做的工作,特别是分享了中南财经政法大学关于"一带一路"知识产权法律人才培养的模式。她指出,高校的人才培养要促进向国际合作的不断加强,同时也要创新人才培养模式,不断构建中国和东盟人民友好合作的桥梁。

二、本次论坛强化了中国—东盟法学教育与人文交流的新合作

本次论坛在国际交流与合作,特别是中国与东盟国家在法学教育与人文交流方面加深了了解、拓展了合作空间。开幕式上,西南政法大学党委书记樊伟为贝提娜、孔帕拉、黎武南、约翰、彭猜、万飞、敏都森等七位东盟法律专家颁发了西南政法大学的客座教授的聘书。西南政法大学国际法学院院长张晓君与马来西亚马来亚大学法学院院长、副教授约翰共同签署中国西南政法大学与马来西亚马来亚大学共建中马法律咨询中心的文件。西南政法大学党委常委、统战部部长徐泉与柬埔寨皇家经济法律大学法学院副院长、教授贝提娜共同签署中国西南政法大学与柬埔寨皇家法律经济大学签署中柬合作办学本科2+2项目实施方案的文件。

论坛期间,西南政法大学中国—东盟法律研究中心还与与会的越南、老挝、柬埔寨、泰国和缅甸等五个澜沧江—湄公河合作机制参与国的法学院搭建了中外合作研究的平台,举行了澜湄合作机制法治研究联合课题论证会,就澜湄合作机制法治研究的必要性和重要意义达成了共识,并成立了澜湄合作机制法治研究联合课题组。论坛闭幕式举办了《中国—东盟法律评论》柬埔寨卷

和法治卷的首发仪式,“十三五”国家重点图书出版规划项目“一带一路”国际贸易投资重大风险法律防控系列丛书首发仪式,以及宣布“澜湄合作机制法治研究联合课题”研究项目启动仪式。

三、本次论坛凝聚了中国—东盟法律教育与法治研究的新共识

论坛无论是主旨发言还是分论坛的发言和讨论,都紧密围绕共建“中国—东盟命运共同体”的法学教育和法治建设问题展开,会议达成了许多法学教育合作的新共识。

主旨发言中,泰国清迈大学法学院院长彭猜以“中泰合作中的法律学习”为主题,首先介绍了泰国的法律学习体系和相关情况,提出中泰双方加强法律教育的合作将有利于东亚法律区域化,有利于为私营企业和公共机构提供法律服务,也有利于中泰双方公民的法律合规性。在此基础上,他建议中泰双方在未来可以在法学生交流奖学金、政府部门论坛等领域继续加强合作。西南政法大学国际法学院陈咏梅教授在主题“‘一带一路’倡议下中国—东盟法律合作之机遇与挑战”的发言中指出,在“一带一路”倡议下中国—东盟的法律合作存在诸多机遇,要共同维护多边贸易体制,缔结贸易和投资协定,要推进金融、税收、交通运输、知识产权等领域的法律合作,加强包括基础设施建设在内的技术标准体系对接和兼容,要加强民商事法律法规领域的合作,加强在签证、通关等领域的规则协调与合作。马来西亚马来亚大学法学院院长约翰的发言围绕东盟一体化与法学教育展开,他表示随着东盟一体化的深化,法学教育也将发挥工具性和规范性的作用,应将东盟法律纳入课程体系,法学院应开设以东盟为重点的选修课,并认为这种法学教育的发展,对于提高人的能力、促进东盟一体化的经济、社会文化和政治安全都有诸多帮助。

分论坛主要围绕共建“中国—东盟命运共同体”的法治问题研究,以及共建“中国—东盟命运共同体”法学教育问题展开。

第一分论坛分为两个阶段。第一阶段的发言中,复旦大学法学院龚柏华教授阐述了“一带一路”倡议的历史渊源和当代价值,详细分析了“一带一路”的“共商、共建、共享”三原则以及“一带一路”的“五通”模式,包括政策沟通、设施联通、贸易畅通、资金融通和民心相通。他重点提出应当加强合作探讨“一带一路”的法律支持,并认为“一带一路”应当成为构建“人类命运共同体”的第一个阶段,各国应当加强合作,共同推进国际法的规则构建,为“一带一路”提

供夯实的法律基础。缅甸仰光大学法学院都敏森院长介绍了仰光大学的基本情况及其法学院的历史，并分享了仰光大学本科、研究生学历课教学的要求和教学方法，在此基础上，她还为我们分享了仰光大学和包括中国院校在内的全球高校合作的展望。马来西亚马来亚大学法学院钟有财教授发言指出，在“一带一路”的建设过程中可能产生许多的争端，而东盟各国愿意在与中国的合作过程当中，为这些争端的解决提供一些重要方式方法。中国人民大学法学院副院长程雷教授重点介绍了人民大学的双学位项目、暑期项目、实习项目，与海外其他高校建立的学生交流项目以及人民大学每年和澳大利亚、欧盟、美国、非洲举行的院长会议。马来西亚马来大学法学院戴佛喜教授以中国在斯里兰卡的港口建设为例，指出了随着中国的海外投资的增多，必然产生许多的争端，而在争端解决的过程当中，尤其需要考虑的是成本的问题，因此需要探寻快速的争端解决方式，各方应在此方面进行合作以寻求突破路径。

第一分论坛第二阶段的发言中，中国政法大学国际法学院副院长祁欢教授重点介绍了中国政法大学对外法学合作交流情况，他表示中国政法大学希望进一步推进国际合作，期待与更多的东盟的高校进行交流合作。泰国宋卡王子大学法学院副院长素提猜教授发言认为法学教育是法学体系当中的重要一环，对此他分享了宋卡王子大学仿照西方法学的教学模式，提倡在法学教育当中引入更多竞赛的实践经验。华东政法大学国际法学院的院长李伟芳教授指出，我国的法学教育的分割过于明显，提出应当让学生参与所有的法学课程，积极推动学生在课堂讨论，以及积极地参与模拟法庭的方式进行教学，他尤其强调了应当重视本科生的法学教育，认为本科生打好法学基础，而研究生阶段则培养学生具备国际法视野。缅甸仰光大学法学院钦钦乌教授进一步详细的介绍了缅甸仰光大学的法学教学情况。四川轻化工大学法学院的党委书记邹国正教授提出了该校法学院已经与泰国老挝等国家建立交流备忘录的相关情况，他希望借此机会与西南政法大学、东盟国家的法学院进一步合作。

第二分论坛也分作两个阶段，总共有 14 位来自东盟和国内的专家学者做了发言，主要集中在——“共商共建共享”中国—东盟法学教育。发言的高校重点分享了各自关于法学教育，特别是法学国际教育各具特色，各有千秋的经验。比如四川外国语大学的“外语和法学教育结合”，西南石油大学的“能源法学和对外投资相结合”的法学教育，柬埔寨智慧大学提出的“教育的国家化与多边化发展方向”。来自柬埔寨皇家经济法律大学、越南胡志明经济法律大学，以及中国对外经济贸易大学的特色主要是在体现他们所关切的经济法律的合作的问题。而泰国清迈大学特别介绍了关于东部特别经济走廊与中国

“一带一路”倡议对接的泰国法学教育的问题,其主要体现了区域化的特点。

经过集中热烈的讨论,与会专家和学者一致认同中国—东盟法学教育合作前途光明未来可期,与会各法学院校也对论坛的建设和发展提出一些期待,包括中国—东盟法学教育共同体平台构建的领航镇,西南政法大学能够带领建设这个平台,以造福中国—东盟地区的文明及其法治社会的建设;论坛以及其他的类似合作机制功能机制能够更加多样化;中国—东盟法学教育合作在经济全球化和信息化的时代,能够有所创新,有所发展。

四、本次论坛发出了探索共建中国—东盟法学交流合作的新倡议

论坛坚持遵循以人为本、平等互鉴、开放包容、机制示范、多方参与、改革创新的原则要求,致力于协同建构安全、自由、平等、和谐的“中国—东盟命运共同体”,尤其是“中国—东盟法律命运共同体”。中国与东盟各国法学院可以进一步强化对本地区社会经济发展的立法执法和司法等法治领域的合作研究,分享彼此的法治建设经验,探索创新区域法治建设机制模式。包括要创新中国—东盟的人文交流合作,鼓励师生交流互访,协同开展包括学历教育和非学历教育的法治人才培养工作,以及进一步整合学术资源和教育资源,建立中国—东盟法律专家库,法律数据库等基础性资源平台。

为了探索共建中国—东盟法学交流合作的平台与机制,为法治化长效化促进“中国—东盟命运共同体”的建设发展作出应有的贡献。本次论坛向全世界发布了《重庆倡议》:一是协同深化法治研究的合作与交流。中国与东盟各国法学院可以进一步强化对本地区社会经济发展的立法执法和司法等法治领域的合作研究,分享彼此的法治建设经验,探索创新区域法治建设机制模式。二是协同创新法治人才的培养机制,要创新中国—东盟的人文交流合作,鼓励师生交流互访,协同开展包括学历教育和非学历教育的法治人才培养工作。其中包括协同推动中国—东盟法律大学等合作办学项目建设。三是要协同建设法律数据库和服务平台。要整合学术资源和教育资源,建立中国—东盟法律专家库,法律数据库等基础性资源平台。四是将中国—东盟法学院院长论坛永久化,即建设一个常态化的机制,每年在中国或东盟某个国家轮流举办本论坛。

图书在版编目(CIP)数据

中国—东盟法律评论.第十辑/张晓君主编.—厦门:厦门大学出版社,2020.7
ISBN 978-7-5615-7805-6

Ⅰ.①中… Ⅱ.①张… Ⅲ.①法律—中国、东南亚国家联盟—文集 Ⅳ.①D92-53 ②D933-53

中国版本图书馆 CIP 数据核字(2020)第 088985 号

出 版 人 郑文礼
责任编辑 李 宁
封面设计 李嘉彬
技术编辑 许克华

出版发行 厦门大学出版社
社 址 厦门市软件园二期望海路 39 号
邮政编码 361008
总 机 0592-2181111 0592-2181406(传真)
营销中心 0592-2184458 0592-2181365
网 址 http://www.xmupress.com
邮 箱 xmup@xmupress.com
印 刷 厦门集大印刷厂

开本 720 mm×970 mm 1/16
印张 11.25
插页 3
字数 195 千字
版次 2020 年 7 月第 1 版
印次 2020 年 7 月第 1 次印刷
定价 75.00 元

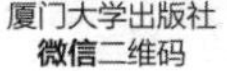
厦门大学出版社
微信二维码

厦门大学出版社
微博二维码